Referate gestalten und präsentieren

für dummies® Junior

Ute Schmid und Katharina Weitz

2. Auflage

WILEY

WILEY-VCH GmbH

Bibliografische Information der Deutschen Nationalbibliothek

Die Deutsche Nationalbibliothek verzeichnet diese Publikation in der Deutschen Nationalbibliografie; detaillierte bibliografische Daten sind im Internet über http://dnb.d-nb.de abrufbar.

2. Auflage 2026

Coverillustration: Nina2024/peopleimages.com - stock.adobe.com

Korrektur: Geesche Kieckbusch, Hamburg

Satz: Straive, Chennai, India

Druck und Bindung: CPI Group (UK) Ltd, Croydon, CR0 4YY

Print ISBN: 978-3-527-72394-2
ePub ISBN: 978-3-527-85525-4

C9783527723942_191225

The manufacturer's authorized representative according to the EU General Product Safety Regulation is Wiley-VCH GmbH, Boschstr. 12, 69469 Weinheim, Germany, e-mail: Product_Safety@wiley.com.

Inhalt

Widmung

Für Anna, die so gerne Referate hält

Einleitung

Willkommen

So, nun sitzt du mit diesem Buch also vor deinem Computer, musst oder willst ein tolles Referat für die Schule oder deinen Verein vorbereiten und kannst es kaum erwarten loszulegen. Vielleicht hast du zur Ablenkung ja schon das ganze Internet abgegrast und musst nun doch mit der Arbeit beginnen. Super, den ersten Schritt hast du ja schon geschafft! Du hast dir dieses Buch genommen und liest gerade diese Zeilen.

Bevor es aber richtig losgeht, wollen wir dir, wie sich das für ein Dummies-Buch gehört, erstmal einen Überblick verschaffen, worum es überhaupt geht.

Über PowerPoint

PowerPoint ist ein Programm der Firma Microsoft. Die Mitarbeiter und Mitarbeiterinnen bei Microsoft haben nicht nur PowerPoint entwickelt, sondern auch das Textverarbeitungsprogramm Word und das Betriebssystem Windows (und noch viele andere Programme, aber das sind die bekanntesten). Mit PowerPoint kannst du sehr einfach und unkompliziert Präsentationsfolien für Referate, Vorträge, Reden und anderes mehr erstellen, die du am Computer zeigen kannst. Ähnlich wie früher Plakate, Poster oder Dias (wenn du noch weißt, was das ist) unterstützen die Folien den Vortrag mit einer Kombination aus Texten, Bildern, Diagrammen, Tabellen oder sogar Filmen und Musikdateien. Da PowerPoint so einfach zu bedienen ist, wird es von vielen Menschen genutzt.

Es gibt aber auch noch Programme von anderen Anbietern, die ähnliche Funktionalitäten bieten. Daher zeigen wir dir beispielhaft, wie ähnliche Funktionen in den Programmen von LibreOffice und Google aussehen.

Über dieses Buch

In den folgenden Kapiteln wirst du Schritt für Schritt erfahren, wie du eine Präsentation mit PowerPoint gestaltest. Dabei beginnen wir in Kapitel 1 mit dem

Öffnen des Programms, dem Anlegen einer Datei und einer Folie. Jede Folie bekommt eine Überschrift. Alle weiteren Informationen gibst du am besten kurz und knackig als Auflistung ein.

In Kapitel 2 zeigen wir dir, wie du wichtige Inhalte auf deine Folien bringst. Vielleicht nutzt du manchmal KI-Werkzeuge wie ChatGPT, Copilot oder Gemini, um Texte zu erstellen, und kommst auf die Idee, dass du dir dein ganzes Referat einfach von einem KI-System schreiben lassen könntest. Wir diskutieren, warum das keine gute Idee ist.

Damit deine Präsentation schön anschaulich wird, dürfen natürlich Bilder nicht fehlen. Wie du Bilder in deine Folien einbaust, wie du Tabellen erzeugst und wie du selbst einfache Grafiken erstellst, erfährst du in Kapitel 3. Animationen können ganz schön Eindruck machen – in Kapitel 4 wirst du lernen, wie du »Action« auf die Folien bekommst.

In Kapitel 5 proben wir dann den Ernstfall: Du erfährst, wie du den Vortrag mithilfe eines Beamers an die Wand wirfst und gleichzeitig auf deinem Computer noch Notizen siehst, die die Zuhörer nicht sehen. In Kapitel 6, reden wir über Tipps und Tricks für Profis – wie du die Folien nummerierst, wie du zusätzliche Folien zur besseren Gliederung einfügst und wie du die genutzten Quellen angibst. In Kapitel 7 wollen wir dir zeigen, wie du Künstliche Intelligenz in PowerPoint nutzen kannst. In Kapitel 8 verlassen wir das Thema Foliengestaltung und zeigen dir, wie du, ebenfalls mit PowerPoint, Poster umsetzen kannst.

Außerdem – und das ist vielleicht noch wichtiger – geben wir dir in jedem Kapitel Tipps zur Gestaltung von Referaten, ganz unabhängig von PowerPoint. Du erfährst, wie ein Vortrag aufgebaut wird und wie Quellen genutzt werden können. Mit ein bisschen Psychologie begründen wir, warum du die tollen Möglichkeiten, die PowerPoint zur Foliengestaltung bietet, nur sparsam nutzen solltest.

Vielleicht interessiert es dich auch, ein bisschen hinter die Kulissen von PowerPoint zu schauen. In jedem Kapitel erfährst du etwas über den technischen Hintergrund, zum Beispiel, wie die Texte und Bilder, die du gestaltest, im Computer gespeichert werden.

Uns ist es wichtig, dass du bei der Schritt-für-Schritt-Beschreibung zur Foliengestaltung immer auch gleich das allgemeine Prinzip, das einem Gestaltungselement zugrunde liegt, verstehst. Damit kannst du am Ende nicht nur prima mit PowerPoint arbeiten, sondern hast Dinge gelernt, die dir auch beim Umgang mit anderen Programmen, zum Beispiel Textverarbeitung, nützlich sind.

Das heißt, du lernst nicht nur, wie man etwas macht, sondern auch, wie es funktioniert. Dadurch verstehst du die Dinge besser und kannst sie vielleicht sogar anderen erklären. Da kannst du bei der nächsten Familienfeier gleich mal die Verwandtschaft beeindrucken.

Über dich

So stellen wir uns dich vor: Du gehst in die vierte bis neunte Klasse und immer öfter sollst du bei Referaten in der Schule auch Präsentationen für den Computer vorbereiten. Deine Eltern kennen sich da leider nicht so aus oder du findest es uncool, sie um Rat zu fragen. Vielleicht willst du auch nicht nur wissen, wie du Folien gestaltest, sondern fragst dich auch, welche Inhalte auf die Folien gehören. Du weißt vielleicht auch noch nicht so genau, wie ein Vortrag aufgebaut ist und wie man Quellen nutzt. Dann ist dieses Buch genau richtig für dich. In diesem Buch wirst du schrittweise zum Referateprofi!

Wenn du schon mal einen Computer genutzt hast – sei es so ein Desktopcomputer, der unter dem Schreibtisch steht, oder einen Laptop – und wenn du weißt, wie man ein Programm öffnet, dann hast du schon genug technisches Vorwissen für deinen Einstieg in die Gestaltung von Präsentationen mit PowerPoint.

Voraussetzung ist allerdings, dass das Programm PowerPoint der Firma Microsoft auf dem Computer, den du nutzt, vorhanden ist. Bei vielen Computern, die mit einem Windows-Betriebssystem laufen, ist es schon installiert. Du kannst es auch kaufen. Das musst du natürlich mit deinen Eltern absprechen, das Ganze ist schon teuer, wenn man nur sein Taschengeld zur Verfügung hat. Es gibt übrigens auch Präsentationssoftware, die für Schülerinnen und Schüler kostenlos ist, zum Beispiel *Impress* von LibreOffice. Sie ist leider nicht so verbreitet, obwohl sie fast dieselben Möglichkeiten wie PowerPoint bietet. Google bietet ebenso die Möglichkeit, eine Präsentation zu erstellen – das funktioniert online. Wir stellen dir beide Alternativen vor.

Symbole, die dir in diesem Buch begegnen

Bei diesem Symbol findest du PowerPoint-Praxistipps von uns.

Bei diesem Zeichen erklären wir dir ein wichtiges Wort oder einen wichtigen Sachverhalt.

Hier musst du aufpassen!

Man lernt besser, wenn man selbst aktiv wird. Deshalb haben wir immer mal wieder Aufgaben eingestreut und mit einem Stern gekennzeichnet. Die Lösungen dazu findest du ganz hinten im Buch. Probiere aber erst einmal selbst und lies erst nach, wenn du gar nicht weiterkommst.

Gelb unterlegter Text weist dich auf eine Abbildung hin.

So, bevor du aufgrund einer ewig langen Einleitung das Buch wieder beiseitelegst und dich wieder dem Internet oder anderen Dingen widmest, legen wir lieber los!

Kapitel 1
3, 2, 1 … LOS!

Aller Anfang ist schwer? Keine Sorge! In diesem ersten Kapitel erklären wir dir, wie PowerPoint aufgebaut ist, wie du dich in dem Programm zurechtfindest und wie du deine Arbeit speicherst, damit die ganze Mühe, die du dir machst, nicht umsonst ist und deine Präsentation auch am nächsten Tag noch vorhanden ist.

Wenn du ein Referat vorträgst und dabei Texte und Bilder zeigst, nennt man dies eine Präsentation. *Gestaltest du die Präsentation mit PowerPoint am Computer, besteht diese aus einer Abfolge von sogenannten* Folien. *Eine Folie ist das, was »auf einer Seite« steht oder was man »auf einmal« über den Beamer sieht (was ein Beamer ist, erfährst du in Kapitel 5).*

Vorbereitungen: Von der Themenidee zum Referat zur Präsentation

Bevor du Folien für ein Referat erstellst, musst du dir erst einmal überlegen, welche Inhalte du genau präsentieren willst. Das heißt, zuerst fragst du dich »*WAS* will ich präsentieren?« und danach »*WIE* will ich es präsentieren?«

(Dazu kommen wir später.) Oft ist das Thema sehr allgemein gehalten – zum Beispiel »Steckbrief eines Tieres«. Für dieses Buch haben wir uns für ein Beispiel-Referat über den Pandabären entschieden. Meistens hilft dir dann dein Schulbuch oder ein Internetartikel festzulegen, welche Punkte dazugehören und wichtig sind. Bei einem Tier-Steckbrief könnten dies die folgenden sein: Aussehen (Größe, Gewicht, Fell), Klasse (Säugetier), Lebensraum (Wald/Steppe, warme/kalte Region), Verhaltensweisen, Fortpflanzung und Gefährdung.

Wie viele Punkte du behandeln und auf wie viele Details du für jeden Punkt eingehen solltest, hängt von der vorgegebenen Länge des Referats ab. Für ein zehnminütiges Referat solltest du fünf bis zehn Folien einplanen.

Damit deine Suche nach Informationen zielgerichtet verläuft und du dich nicht verzettelst, bereitest du deine Folien am besten schon einmal vor. Du kannst dir auf einem Blatt Papier ein paar Stichwörter machen.

Auf der ersten Folie stehen der Titel des Referats, dein Name, das Datum, vielleicht auch das Fach und die Klassenstufe.

Auf der letzten Folie stehen die verwendeten Quellen, also die Internetseiten, Bücher oder Berichte, die du genutzt hast. Du kannst die Quellen aber auch direkt auf der Folie angeben, auf der du sie verwendest – bei vielen Quellen wird das aber schnell unübersichtlich. Die Angabe von Quellen ist aus mehreren Gründen sehr wichtig: Erstens darf man nicht Ideen von anderen Personen als seine eigenen ausgeben. Zweitens dienen Quellen als Belege: Du bist ja nicht selbst nach Asien gereist und hast Pandabären gemessen, gewogen, gezählt. Drittens muss nachprüfbar sein, was du erzählst. Das heißt, deine Zuhörenden sollten die Möglichkeit haben nachzulesen, was du erzählt hast.

Die verbleibenden Folien füllst du mit Inhalten. Versuche, mit einer Folie pro Punkt auszukommen.

Aufbau von PowerPoint

PowerPoint ist eins von vielen Programmen, die die Firma Microsoft entwickelt hat. Vielleicht kennst du die Programme »Word« (ein Programm zum Schreiben von Texten, die Texte für dieses Buch wurden auch mit Word geschrieben) oder »Excel« (ein Programm zum Erstellen und Bearbeiten von Tabellen und Statistiken). Das Schöne an diesen Programmen ist: Sie sind alle ähnlich aufgebaut.

Viele Elemente (wie die Menüleiste oder Buttons, dazu gleich mehr) sind an der gleichen Stelle und heißen oft auch gleich. Wenn du also im Folgenden lernst, wie man Dateien in PowerPoint erstellt, öffnet oder speichert, dann kannst du das auch in Word oder Excel. Toll, oder?

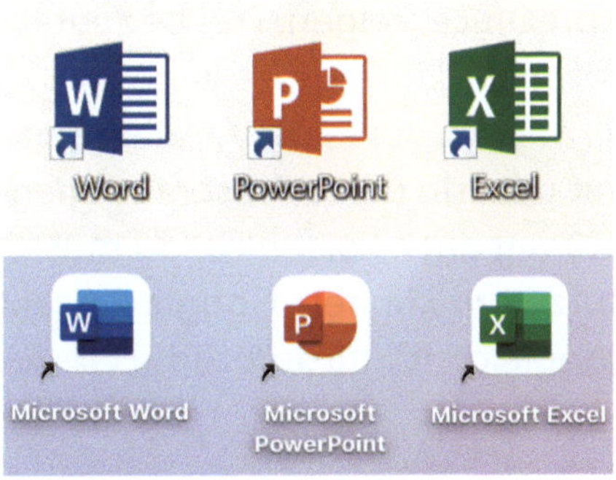

Die Icons der Programme sehen übrigens immer ein bisschen unterschiedlich aus, je nachdem welches Betriebssystem du nutzt. Hier siehst du oben die Icons der Programme für ein Windows Betriebssystem, darunter die des Herstellers Apple.

Um Programme zu bedienen, gibt es verschiedene Eingabemöglichkeiten. Beispielsweise gibt es oft kleine Symbole, sogenannte Buttons, *auf die du mit der Maus klicken kannst. Button heißt auf Deutsch »Knopf«. Wenn du den Knopf drückst, passiert etwas Bestimmtes. Außerdem gibt es oft sogenannte* Menüs. *Menüs kennst du vielleicht aus dem Restaurant. Ein Menü meint eine Menge an Angeboten, aus denen du dir etwas aussuchen kannst. Menüs in Programmen haben oft einen Namen. Das Menü »Datei« enthält beispielsweise verschiedene Befehle, die mit dem Erstellen und Speichern von Dateien zu tun haben.*

Mehrere Menüs nebeneinander werden als Menüleiste *bezeichnet. Wenn du einen Befehl aus einem Menü auswählst, ändern sich – genau wie bei einem Klick auf einen Button – Dinge in deinem Dokument.*

Zu manchen Menüs gibt es sogar noch Untermenüs. Du erkennst das daran, dass neben dem Befehl ein kleines Dreieck abgebildet ist. Punkte hinter einem Menüeintrag verweisen darauf, dass du noch ein paar Entscheidungen treffen musst, bevor der Befehl ausgeführt werden kann. Wenn nur der Name selbst da steht, dann wird durch Klicken auf den Menüpunkt der Befehl direkt ausgeführt.

Neben PowerPoint gibt es aber natürlich auch noch andere Programme, die du nutzen kannst, um eine Präsentation zu erstellen. Wir werden dir in diesem Kapitel sowie im Kapitel 8 jeweils ein Beispiel einer freien Software, *Impress* von

LibreOffice, zeigen. Frei bedeutet, dass du sie nutzen kannst, ohne dafür zu bezahlen. Libre-Office kannst du dir hier herunterladen: https://de.libreoffice.org/download/download/. Außerdem zeigen wir dir einen Onlineanbieter, Google, mit dem du deine Präsentationen direkt im Browser bearbeiten kannst. Google ist zwar auch kostenlos, du musst dich aber registrieren, um diesen Service nutzen zu können. Google Präsentationen findest du hier: https://workspace.google.com/intl/de/products/slides/.

Warum gibt es Programme, die man bezahlen muss?

Die Software, mit der du Texte bearbeitest, der Browser, mit dem du im Internet unterwegs bist, deine Lieblings-App, das alles sind Programme, die von Menschen – meistens Informatikerinnen oder Informatiker – erstellt wurden. Um Programme schreiben zu können, muss man erst einmal verstehen, wie der Computer arbeitet, und dann mindestens eine, besser mehrere Programmiersprachen lernen. Bei einer großen Firma wie Microsoft arbeiten sehr viele Menschen, die dafür sorgen, dass es Programme wie das gerade von dir benutzte PowerPoint gibt. PowerPoint kostet Geld, das unter anderem dafür verwendet wird, die Programmiererinnen und Programmierer zu bezahlen.

Aber es gibt auch Software, die nichts kostet. Zum Beispiel kannst du deine Präsentation auch mit dem Programm »LibreOffice« erstellen, das ganz ähnlich funktioniert wie PowerPoint, aber nichts kostet. Tatsächlich sind die meisten Entwickler von LibreOffice ehrenamtlich tätig. Ihr Geld verdienen sie in anderen Berufen. Menschen, die freie Software entwickeln, finden, dass jeder die Freiheit haben sollte, Software zu benutzen, aber auch, sie zu verändern und zu verbessern.

Datei erstellen

1 **Öffne PowerPoint. Klicke dafür auf das Symbol in deinem Programmmenü oder auf deinem Desktop.**

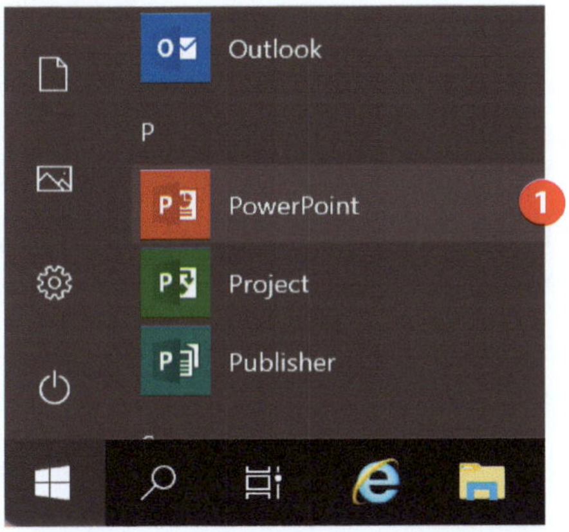

Das Programm wird geöffnet. Angezeigt wird eine leere Präsentation.

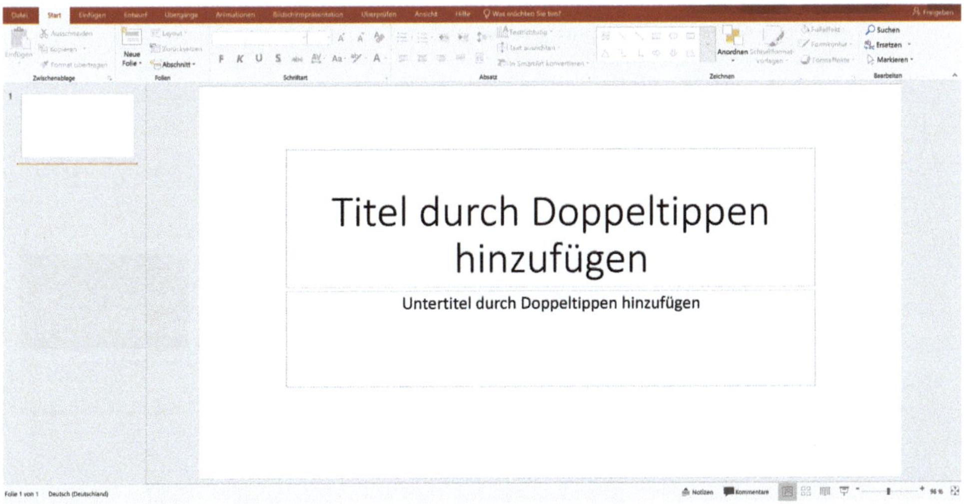

Sehr ähnlich sieht das Startbild in LibreOffice aus, jedoch fällt dir hier vielleicht auf, dass viel mehr mit Icons gearbeitet wird und es keine zusätzliche Textbeschriftung gibt, was es auf den ersten Blick etwas unübersichtlicher macht, wenn man nicht weiß, wofür die Icons stehen.

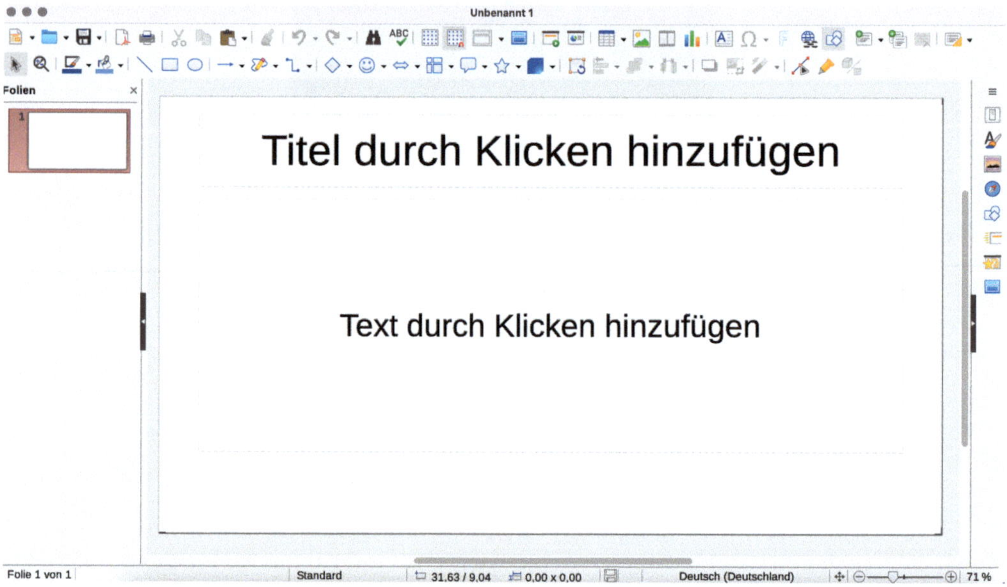

Bei der Präsentationsvorlage von Google findest du eine Mischung von textuellen Menüteilen und Icons.

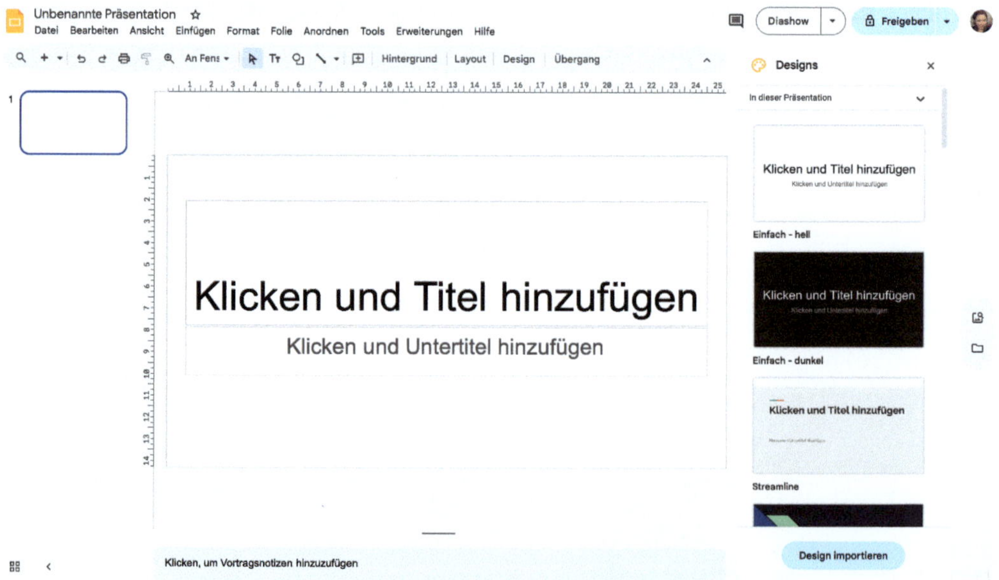

Datei speichern

Wir schauen uns die PowerPoint-Präsentation nun etwas genauer an. Als Erstes wollen wir dir die Registerkarte Datei kurz vorstellen. In den nachfolgenden Abschnitten und Kapiteln werden wir uns andere Registerkarten und Buttons noch genauer anschauen. Jetzt sollst du aber erstmal einen Überblick bekommen und das Wichtigste erfahren: wie man seine Präsentation speichert.

1 Klicke in der Menüleiste oben links auf Datei.

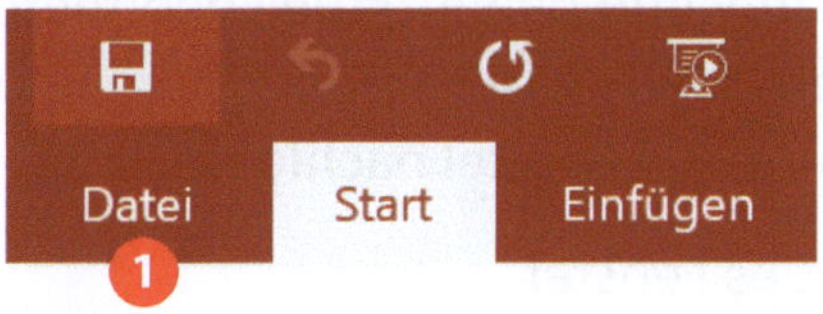

Es öffnet sich ein Reiter mit weiteren Informationen. Das Programm macht dir viele Angebote, was du mit PowerPoint oder deiner PowerPoint-Datei anfangen kannst.

2 **In der Spalte ganz links kannst du mit Öffnen eine Präsentation, die bereits vorliegt, öffnen. Wenn du auf Schliessen klickst, schließt du die aktuell geöffnete Präsentation.**

3 **Klicke auf Speichern unter.**

Mit diesem Befehl kannst du deine aktuell geöffnete Präsentation speichern. Was der Unterschied zwischen Speichern und Speichern unter ist, kannst du weiter hinten im Kapitel nachlesen.

Es öffnet sich ein neues Fenster.

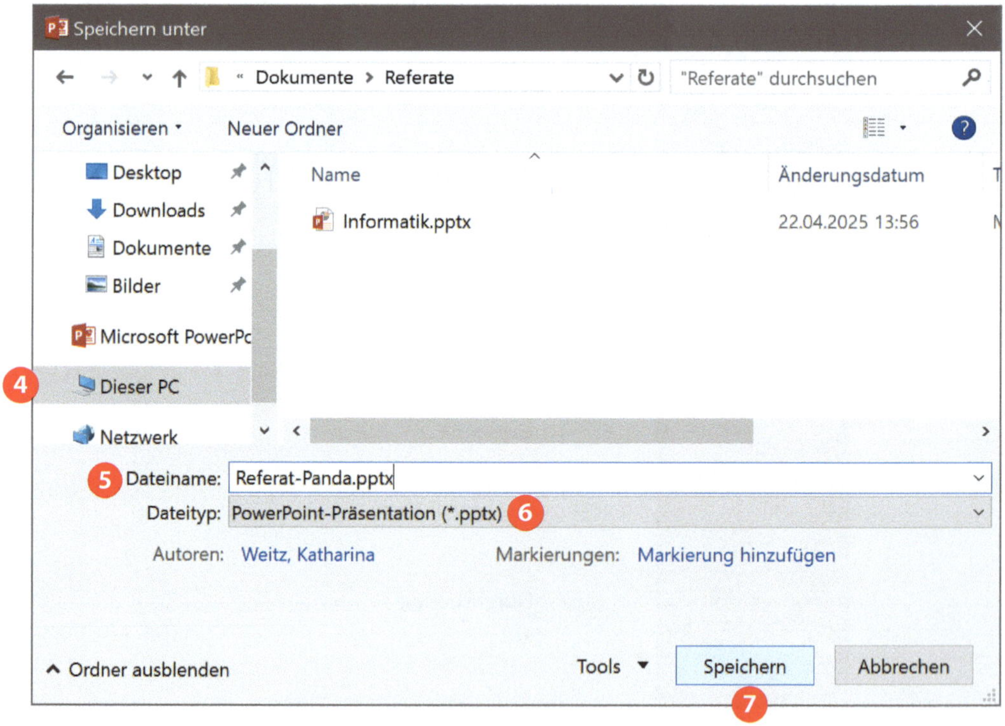

4 **Klicke auf der linken Seite auf den Ordner, in den du deine Präsentation speichern möchtest.**

Du kannst auch einen neuen Ordner anlegen. Klicke hierfür auf das Verzeichnis, in dem der neue Ordner erstellt werden soll (zum Beispiel Dieser PC). Klicke dann mit der rechten Maustaste. Es öffnet sich eine Leiste, in der du Neu und dann Ordner auswählst. Der Ordner wird automatisch erstellt und trägt den Namen Neuer Ordner. Du kannst ihn später noch umbenennen, wenn du möchtest. Unser Ordner heißt »Referate«.

5 **Im Feld Dateiname gibst du deiner Präsentation einen Namen.**

Wir nennen unsere Präsentation, die dich durch dieses Buch begleiten wird, »Referat-Panda«.

6 **Achte darauf, dass der Dateityp .pptx lautet.**

.pptx ist die Dateiendung, die für PowerPoint-Präsentationen verwendet wird. Damit weiß das Programm, dass es sich um eine Präsentation handelt.

7 **Klicke auf Speichern.**

Nun schließt sich das Speichern unter-Fenster automatisch und du siehst wieder den Anfangsbildschirm, wie vorher. Aber es hat sich etwas verändert. Schau mal in die Titelleiste! Dort steht jetzt der Name deiner Präsentation.

Nun hast du deine erste Präsentation erstellt und gespeichert. Super! Immer, wenn du an deiner Präsentation arbeitest, solltest du zwischendurch immer mal wieder speichern. Es kann ja doch einmal passieren, dass das PowerPoint-Programm abstürzt, deinem Laptop der Strom ausgeht und, und, und ... Und es ist sehr ärgerlich, wenn die ganze Arbeit, die du in eine Präsentation gesteckt hast, verloren ist und du noch einmal von vorne anfangen musst. Zum Speichern musst du nicht immer den aufwendigen Weg gehen, den wir dir gerade beschrieben haben.

8 **Klicke auf das Speichern-Symbol oben links im PowerPoint-Fenster.**

Da du den Speicherort und den Namen deiner Präsentation vorhin schon angegeben hast, werden dir diese Abfragen jetzt erspart. PowerPoint schreibt die aktuelle Version deiner Präsentation einfach in die schon vorhandene Datei.

Kennst du das Symbol, das für die Funktion »Speichern« verwendet wird? Hierbei handelt es sich um die Abbildung einer Diskette – ein magnetischer Datenträger aus Kunststoff, auf denen man früher Daten gespeichert hat. Heutzutage nutzen wir dafür USB-Sticks oder Cloud-Speicherorte.

Wenn du die aktuelle Version deiner Präsentation mit einem Klick auf das Speichern*-Symbol speicherst, wird die Version davor überschrieben. Die alte Version ist damit verloren und kann nur mit viel Mühe oder überhaupt nicht wiederhergestellt werden.*

Wenn du eine Präsentation, die du erstellt hast, zum Beispiel für einen zweiten Vortrag leicht verändern willst, ohne die ursprüngliche Präsentation zu überschreiben, kannst du der Präsentation – nach einem Klick auf Speichern unter *– einfach einen anderen Namen geben und als zweite (ähnliche) Präsentation speichern. Die ursprüngliche Präsentation wird nicht überschrieben.*

Was sind eigentlich Dateien?

Auf dem Computer sind alle Informationen als 0en und 1en gespeichert, ganz egal, ob es Folien oder Fotos sind. Eine Kette aus Nullen und Einsen, also eine Zahl, die nur aus zwei unterschiedlichen Ziffern aufgebaut ist, nennt man binäre Zahl. Die einzelnen Stellen der Zahl heißen Bits). Ein Programm wie PowerPoint übersetzt diese Bits so, dass du sie schnell verstehen kannst: Du siehst also keine 0en und 1en, sondern Buchstaben oder Bilder. Die Informationen nennt man auch *Daten*.

Solange du mit einem Programm wie PowerPoint arbeitest, befinden sich die Daten im sogenannten *Arbeitsspeicher*. Im Arbeitsspeicher können Dinge aber nicht auf Dauer aufbewahrt werden. Wenn du das Programm PowerPoint schließen würdest, ohne zu speichern, wäre deine ganze Arbeit einfach weg.

Eine Datei ist deshalb dafür da, Daten dauerhaft aufzunehmen, zum Beispiel auf der Festplatte deines Computers. Du gibst deiner Datei einen Namen und legst sie in einem bestimmten Ordner an einem bestimmten Ort ab. Unter dem Betriebssystem Windows kannst du mithilfe des Explorers alle Orte deines

Computers anschauen. Programme, mit denen du deine Dateien anschauen kannst, heißen allgemein *Datei-Manager*.

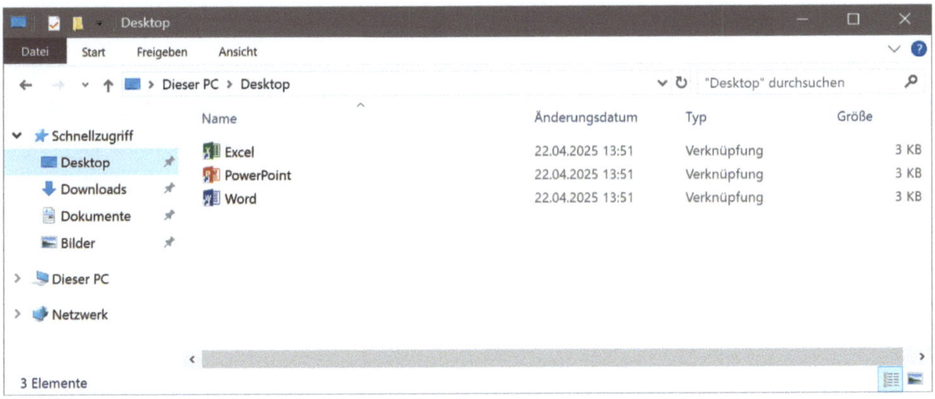

Wenn du nun PowerPoint wieder aufrufst, kannst du die Datei wieder öffnen und an deiner Präsentation weiterarbeiten. Du kannst Dateien auch kopieren, in andere Ordner verschieben, auf einen USB-Stick speichern, als Anhang mit einer E-Mail verschicken oder auch löschen.

Allerdings kann zum Beispiel PowerPoint nichts mit einer Musikdatei anfangen. Die verschiedenen Arten von Dateien heißen *Dateiformate*. Man erkennt sie an einer Buchstabenkombination nach dem Dateinamen, die sogenannte *Dateiendung*. Deine PowerPoint-Datei hat die Endung *.ppt* oder *.pptx*. Ein Foto hat oft die Endung *.jpg* (siehe auch Kasten »Formate von Grafiken« in Kapitel 3).

Größe von Dateien

Wenn du eine Datei abspeicherst, wird der Inhalt in das Speicherformat eines Computers übersetzt. Aus Worten und Bildern und allen Informationen über deine Folien werden lauter 0en und 1en. Dieses Format nennt man Binärcode. In der Textbox »A = 65: Wie aus Buchstaben Zahlen werden?« (Kapitel 2) wird das beispielhaft beschrieben. Je mehr Folien du in einer Datei anlegst, desto mehr Information muss gespeichert werden. Man sagt: »Die Datei belegt viel Speicherplatz.« Bilder benötigen mehr Speicherplatz als Worte. Warum das so ist, wird in Kapitel 3 (im Abschnitt »Vom Pixel zum Bild«) erklärt. Wenn du im Explorer oder einem anderen Dateimanager dein gespeichertes Referat anschaust, kannst du dort auch sehen, wie viel Speicher sie benötigt.

So wie du die Länge von einem Gegenstand mit Millimetern, Zentimetern, Metern und so weiter angeben kannst, wird der Speicherplatz einer Datei in Byte gemessen. Eine einzelne Speicherzelle benötigt ein Bit Speicher. Dieses Bit enthält eine 0 oder eine 1. Acht Bit ergeben ein Byte. (Mehr Information dazu findest du in der Textbox »A = 65: Wie aus Buchstaben Zahlen werden« in Kapitel 2.) Wie bei der Angabe von Längen, gibt es spezielle Bezeichnungen für größere Beträge. Tausend Bytes werden als Kilo-Byte bezeichnet – abgekürzt mit KB. Eine Million Bytes ergeben ein Mega-Byte (MB). Weiter geht es dann mit Giga-Byte, Tera-Byte und Peta-Byte. Typischerweise hat eine Festplatte in einem normalen Computer 500 Giga-Byte (ein halbes Tera-Byte) Speicherplatz. Das sind 500 Milliarden Bytes: 500.000.000.000. Die Datei, in der dein Referat gespeichert wird, wird je nach Menge der Bilder, die du nutzt, zwischen 1 MB und 5 MB groß sein. Du könntest also ganz schön viele Referate speichern.

Die Größe deiner Präsentationsdatei ist je nach Programm unterschiedlich. So benötigt deine leere Präsentation nur 4KB in Google Drive, schon 16KB in Libre Office und ganze 31,4 KB in PowerPoint.

Aufbau deiner Präsentation

Beim Aufbau deines Referats hältst du dich an die Vorgaben deiner Lehrerin oder deines Lehrers. Bei einem Kurzreferat von bis zu zehn Minuten gliedert sich die Präsentation typischerweise in eine Titelfolie, eine Einführungsfolie, wenige Folien zum Hauptteil und eine Abschlussfolie. Danach kann noch eine Folie mit den verwendeten Quellen kommen. Bei längeren Referaten folgt nach einem kurzen motivierenden Einstieg meist noch eine Gliederungsfolie.

Auf der Titelfolie sollte in großer Schrift der Titel des Referats, dein Name, das Datum und vielleicht unten in kleiner Schrift das Fach und die Lehrkraft stehen. Wenn es sich anbietet, kann auch noch ein Bild auf die Titelfolie, das für das Thema steht. Zur Titelfolie gibt es wenig zu sagen, ein typischer Start für ein Referat ist: »Ich werde Euch heute etwas über den Panda berichten.«

Die Einführungsfolie und was du dazu sagst, sind entscheidend dafür, ob du die Aufmerksamkeit deines Publikums gewinnen kannst. Du solltest dir also genau überlegen, mit welchem Einstieg du die Zuhörerinnen und Zuhörer neugierig auf das Thema machst. Außerdem soll in der Einführung deutlich werden, was du im Laufe deines Vortrags vorhast. Ein möglicher Einstieg wäre die Frage: »Wusstet ihr, dass der Große Panda eine der bedrohtesten Tierarten der Welt ist?« Danach gibst du einige einführende Informationen.

Folien hinzufügen

Wie du die einzelnen Folien gestaltest, zeigen wir dir in Kapitel 2. Deine Präsentation besteht bisher nur aus einer Titelfolie, deswegen wollen wir dir nun zeigen, wie du weitere Folien hinzufügst.

1 **Mache mit der Maus einen Rechtsklick in der Spalte ganz links, dort wo du das kleine weiße Blatt siehst.**

Die Spalte ganz links heißt *Folienübersicht*. Hier werden kleine Abbildungen von allen deinen Folien gezeigt. Bisher gibt es aber nur eine.

Mit dem Rechtsklick öffnet sich ein Auswahlmenü.

2 **Klicke auf Neue Folie.**

Es erscheint eine zweite Folie in der Folienübersicht.

Du kannst auch oben auf die Registerkarte Start und dann auf Neue Folie klicken.

Folien gestalten

Nachdem deine Präsentation nun aus zwei Folien besteht, kannst du noch das Aussehen (Layout) der Folien festlegen. PowerPoint bietet dir verschiedene Hintergründe an und stimmt auch die Schriftart und die Schriftfarben darauf ab.

Verwende nur eine Schriftart und nur wenige Farben. Wenn du magst, kannst du einmal im Vortrag eine »Animation« einbauen – zum Beispiel einen Textkasten, der auf die Folie »fliegt« –, aber nicht öfter.

Es gibt eine Wissenschaft, die Psychologie, in der unter anderem untersucht wird, wie Menschen Informationen sehen, aufnehmen und verarbeiten. Zum Beispiel gilt, dass unsere Augen sehr angestrengt werden, wenn wir gleichzeitig Rot und Blau sehen. [Das ist ganz schön schwer zu lesen] (Der Grund ist, dass diese beiden Farben ganz unterschiedliche Wellenlängen haben.)

Außerdem weiß man, dass es wichtig ist, die Aufmerksamkeit gezielt auf das zu lenken, was aufgenommen und behalten werden soll. Das heißt, Folien, auf denen sich etwas bewegt, überraschen zwar den Betrachter, lenken aber womöglich von dem ab, was wichtig ist.

1 Klicke in der Menüleiste auf die Registerkarte Entwurf.

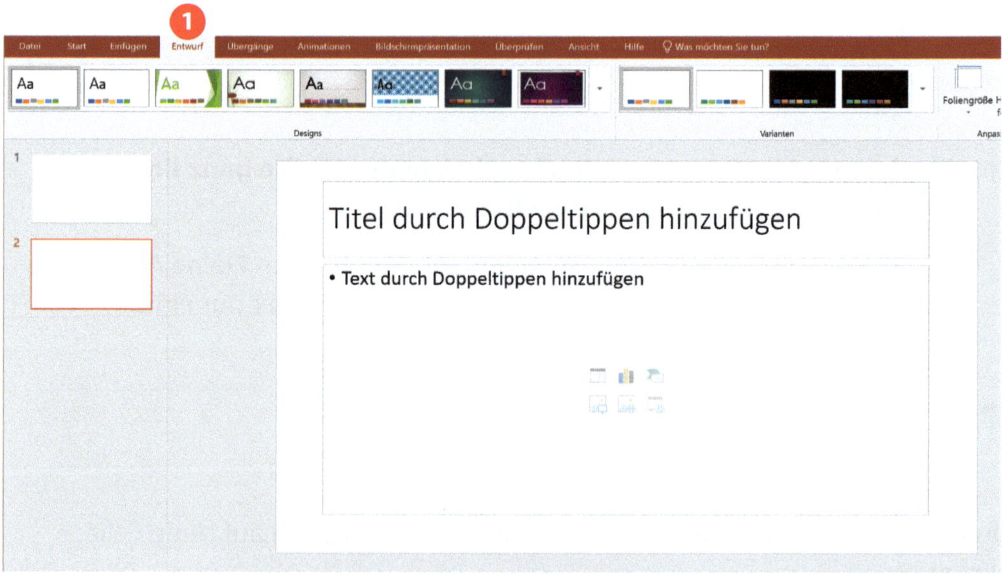

Im Feld Designs kannst du komplette Folienlayouts auswählen.

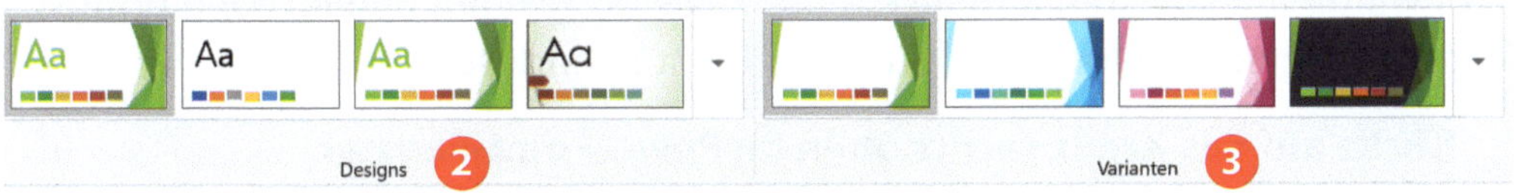

Wenn du mit dem Mauszeiger über die einzelnen Vorschaubildchen fährst, ändert sich automatisch das Aussehen deiner Folien. So kannst du in Ruhe prüfen, welches Layout dir am besten gefällt.

2 **Klicke das Design an, das deine Folien haben sollen.**

Die verschiedenen Designs haben Namen. Wenn du mit dem Mauszeiger kurze Zeit über dem Vorschaubildchen anhältst, wird dir der Name in einem kleinen Fenster angezeigt. Wir haben uns für unsere Präsentation das Design »Facette« ausgesucht.

3 **Du kannst dir zusätzlich noch Varianten des Layouts ansehen und auswählen.**

Wenn du auf eine der Varianten klickst, werden deine Folien automatisch angepasst.

4 **Du kannst natürlich auch noch weitere Details einstellen, indem du auf den kleinen Pfeil neben den Varianten klickst.**

Es klappt ein kleines Menü auf. Hier kannst du Änderungen an Farben, Schriftarten, Effekten und Hintergrundformaten vornehmen. Die Änderungen werden dann für all deine Folien übernommen. Wenn du nur einzelne Texte auf den Folien hervorheben möchtest, schau mal in Kapitel 2, da erklären wir dir, wie das funktioniert.

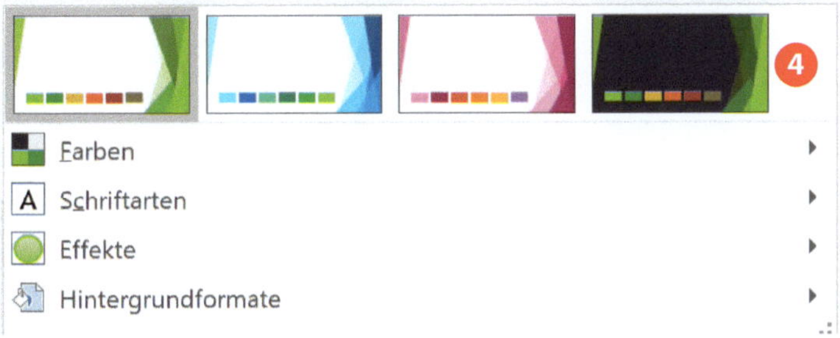

Programm beenden

Bevor wir dir im nächsten Kapitel erklären, wie du Text auf deine Folien bringst, wollen wir dir noch zeigen, wie du PowerPoint beendest.

1 Klicke auf das Kreuz rechts oben im PowerPoint-Fenster.

Alternativ kannst du in der Menüleiste die Registerkarte Datei anklicken (die kennst du schon vom Speichern der PowerPoint-Präsentation). Ganz unten wird der Befehl Beenden angezeigt. Wenn du ihn anklickst, schließt sich PowerPoint.

Falls du mit dem PowerPoint-Programm auf einem Apple Laptop, Tablet oder Computer arbeitest, kannst du das Programm mit einem Klick auf das Kreuz links oben beenden.

Wenn du auf das Kreuz klickst, um das Programm zu beenden, aber die Präsentation noch nicht gespeichert hast, informiert dich das Programm darüber. Es öffnet sich ein kleines Fenster und du kannst auswählen, ob du deine Präsentation noch speichern möchtest oder nicht. Wenn du auf Abbrechen *klickst, wird PowerPoint nicht beendet und du kehrst zu deiner Präsentation zurück, ohne dass etwas gespeichert wurde.*

Kapitel 2
Texte schreiben

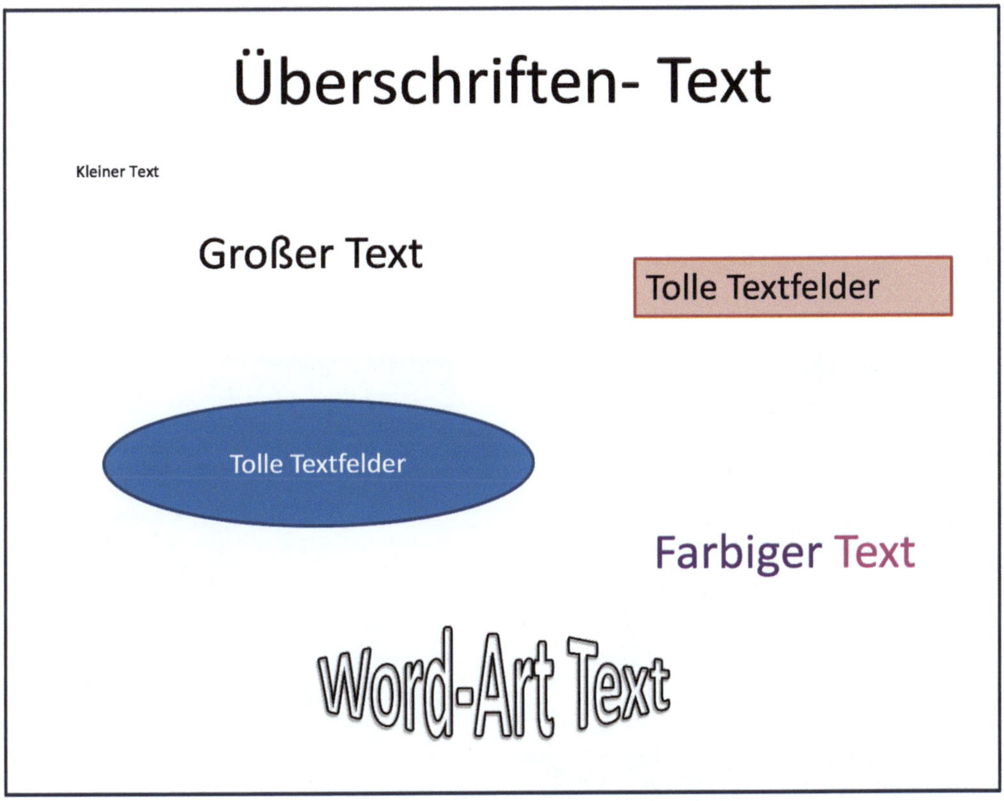

Ohne Worte? Nicht in diesem Kapitel! Um in PowerPoint Text schreiben zu können, nutzt man Textfelder. Die kannst du dir vorstellen wie Kästchen, in die man etwas reinschreiben kann. Warum man das Ganze in Kästchen schreibt und nicht, wie zum Beispiel im Schreibprogramm Word, auf ein digitales Blatt Papier, wollen wir dir in diesem Kapitel zeigen.

Meins oder deins?

Man kann viel schreiben. Wenn es aber nicht die eigenen Worte sind, sondern die einer anderen Person, muss man einige Dinge beachten. Bevor wir dir also zeigen, wie man Textfelder erstellt, wollen wir dir kurz erklären, worauf du achten musst, wenn du Texte und Gedanken von anderen übernimmst, und warum das so wichtig ist.

Ganz klar – wenn du das Smartphone einer anderen Person einfach nimmst und benutzt, ist das Diebstahl. Wie ist es aber, wenn du aus einem Text, den eine andere Person geschrieben hat, Sätze übernimmst und so tust, als wären es deine eigenen Formulierungen und Gedanken? Das ist auch Diebstahl. Man nennt es »Diebstahl geistigen Eigentums«, ein sogenanntes Plagiat.

© Gerhard Seybert - stock.adobe.com

Was du auf keinen Fall tun darfst, ist, Sätze oder Teile von Sätzen aus Texten, die andere Personen geschrieben haben, einfach in dein Referat zu kopieren. Wenn du Text übernimmst, musst du dazu schreiben, wo du den Text her hast. Man nennt das »die Quelle angeben«.

Wörtliche Textübernahmen, sogenannte Zitate, sind meist ohnehin nur sinnvoll, wenn es sich um literarische oder philosophische Werke handelt. In diesem Fall kennzeichnest du das Zitat, indem du es in Anführungszeichen setzt und den Autor nennst.

Viel häufiger dagegen wirst du in die Lage kommen, dass du Ideen und Gedanken aus anderen Quellen übernehmen und den Inhalt in eigenen Worten wiedergeben möchtest. Auch dann musst du die Quelle angeben. Das ist nicht nur deshalb wichtig, damit du dich nicht mit fremden Federn schmückst, sondern dient häufig auch als Beweis für die wiedergegebene Information. Man nennt das »die Information belegen«. Wenn du zum Beispiel in deinem Referat berichtest, dass die Zahl der Pandas seit den 1980-er Jahren zunimmt, dann ist klar, dass du nicht nach China gefahren bist und die Pandas selbst gezählt hast. Du berichtest Informationen, die andere Personen ermittelt haben. In diesem Fall stammen die Zahlen von der Webseite des WWF Deutschland.

Damit deine Folien schön übersichtlich bleiben, kannst du die Quelle auf der entsprechenden Seite einfach in Kurzform nennen, zum Beispiel »WWF Deutschland« und dann auf der letzten Folie alle genutzten Quellen auflisten (wie das geht, zeigen wir dir in Kapitel 6).

Zitieren – aber richtig!

Wenn deine Quelle eine Webseite ist, gibst du dazu die Webadresse an, zusammen mit dem Datum, an dem du die Webseite aufgerufen hast. Das ist wichtig, weil Inhalte von Webseiten sich ändern können oder Webseiten manchmal sogar ganz gelöscht werden. Wenn du als Quelle ein Buch angibst, nennst du den oder die Autoren oder Herausgeber, den Titel, das Erscheinungsjahr und den Verlag. Bei Artikeln in Zeitschriften gibst du den Autor, den Titel und die Zeitschrift mit Nummer, Jahr und Seitenzahlen an.

Hast du nur wenige Quellen benutzt, kannst du sie in der Reihenfolge aufführen, wie sie vorkommen. Ansonsten solltest du sie alphabetisch nach dem Autor ordnen.

Im Folgenden findest du ein paar Beispiele für korrekte Quellenangaben:

WWF Deutschland, Das Lexikon bedrohter Tier- und Pflanzenarten – Großer Panda, http://www.wwf.de/themen-projekte/artenlexikon/grosser-panda/, Abrufdatum: 3.1.2017.

Ziswiler, Vinzenz. Bedrohte und ausgerottete Tiere: Eine Biologie des Aussterbens und des Überlebens. Springer-Verlag, 2013.

Ibler, Benjamin. Zur Biologie und Evolution der Lebenserwartung von Tieren. Der Zoologische Garten, 82(1), 2013: 72–95.

Datei öffnen

So jetzt kann es aber losgehen. Wir wollen erste Texte in die Präsentation schreiben.

Wenn du am Ende des ersten Kapitels das Programm wie beschrieben beendet hast, musst du es zunächst wieder starten (wie das geht, haben wir in Kapitel 1 erklärt). Wenn PowerPoint geöffnet ist, musst du als Nächstes deine gespeicherte Datei wieder in das Programm laden, damit du an deiner Präsentation weiterarbeiten kannst.

1 **Klicke auf der linken Seite auf die Präsentation, die du wieder öffnen möchtest (Zuletzt verwendet).**

Wir möchten unsere Präsentation Referat-Panda.pptx wieder öffnen

2 **Wenn du die Präsentation, die du suchst, hier nicht findest, kannst du auf Weitere Präsentationen öffnen klicken.**

3 **Es öffnet sich daraufhin eine neue Ansicht, die du teilweise schon aus dem ersten Kapitel kennst. Du siehst auf der rechten Seite wieder, welche Dateien du zuletzt verwendet hast. Auf der linken Seite werden dir weitere Speicherorte angezeigt.**

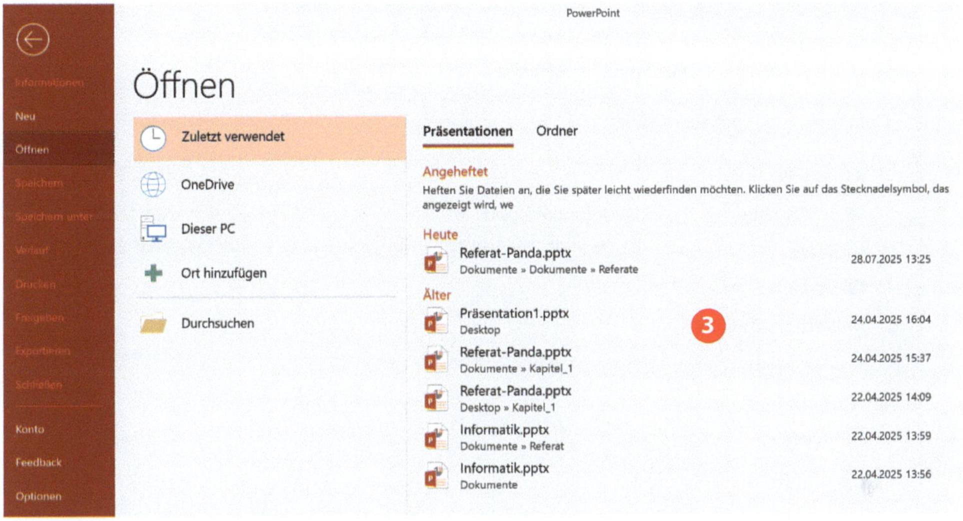

4 Klicke hier auf Durchsuchen, um nach dem Ordner zu suchen, in dem du deine Präsentation abgespeichert hast.

Es öffnet sich ein neues Fenster mit deinen Ordnern, das du schon vom Abspeichern von Dateien kennst.

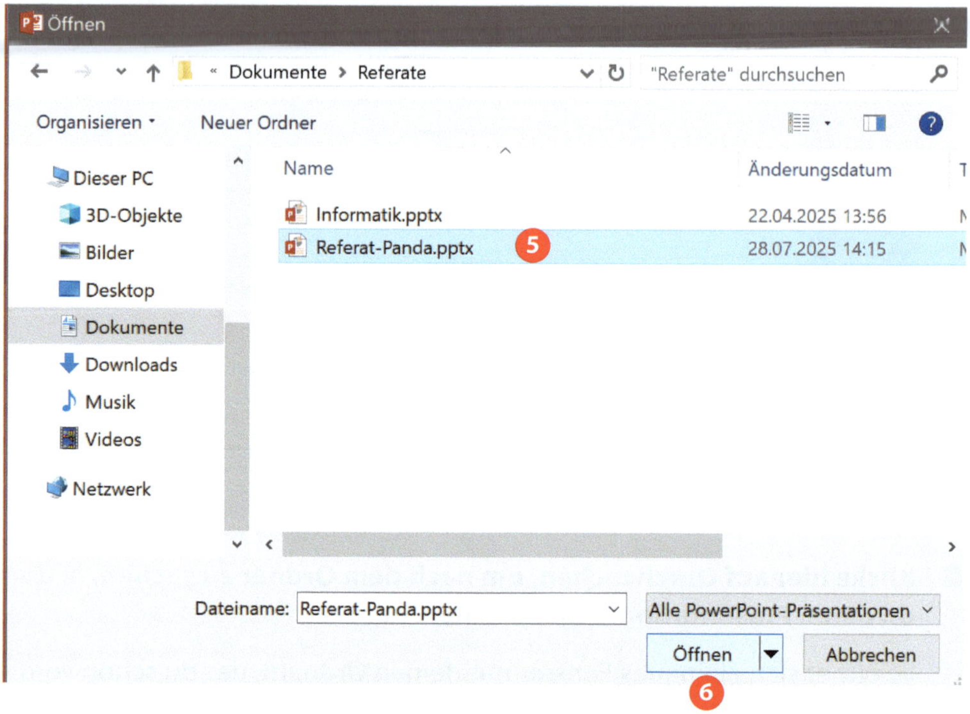

5 **Wähle die PowerPoint-Datei aus, an der du weiterarbeiten möchtest.**

6 **Klicke auf Öffnen.**

Du weißt nicht mehr, wie du deine Präsentation genannt hast oder wo du sie abgespeichert hast? Die Programmierer von PowerPoint haben auch an diesen Fall gedacht! Wenn du in der Menüleiste auf Datei *klickst, kannst du außer* Öffnen *auch* Zuletzt verwendet *auswählen. Wenn du das ausgewählt hast, wird dir rechts aufgelistet, an welchen Präsentationen du zuletzt gearbeitet hast. Klicke auf eine dieser Präsentationen und PowerPoint öffnet sie.*

Textfelder erzeugen

Zu den wichtigsten Elementen in PowerPoint gehören Textfelder. Mit ihnen bringst du, wie der Name schon sagt, Text auf deine Folien. Wie du solche Textfelder erstellen und gestalten kannst, wollen wir dir nun zeigen.

Auf jeder Folie, die du erzeugst, sind von Anfang an schon Textfelder vorhanden.

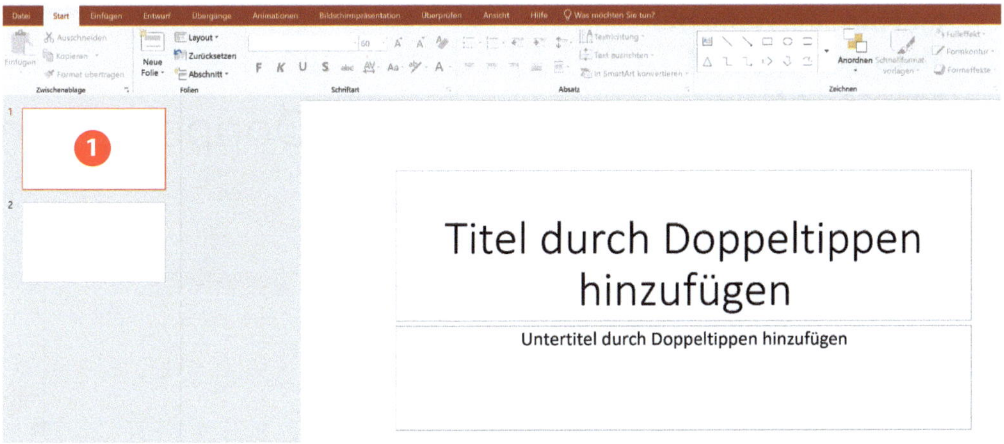

Vielleicht reichen dir diese Textfelder schon. Falls nicht, erfährst du nun, wie du selbst Textfelder erzeugen kannst.

1. **Klicke auf die Folie, auf der du ein Textfeld erstellen möchtest.**
2. **Klicke in der Menüleiste auf Einfügen.**

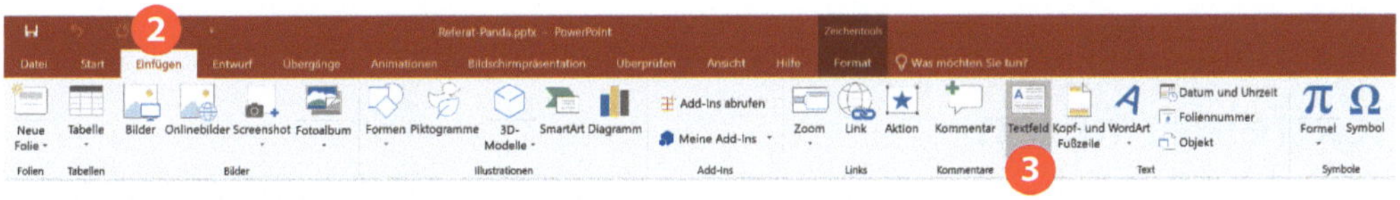

3. **Klicke auf Textfeld.**
4. **Bewege den Mauszeiger auf die Folie.**

Ist dir aufgefallen, dass der Mauszeiger jetzt eine andere Form angenommen hat? Das ist das Zeichen für dich, dass du jetzt ein Textfeld in einer beliebigen Größe erzeugen kannst.

5 Klicke mit der Maus an die Stelle, wo das Textfeld hin soll. Halte die Maus gedrückt und bewege die Maus.

Du erzeugst ein Viereck auf der Folie.

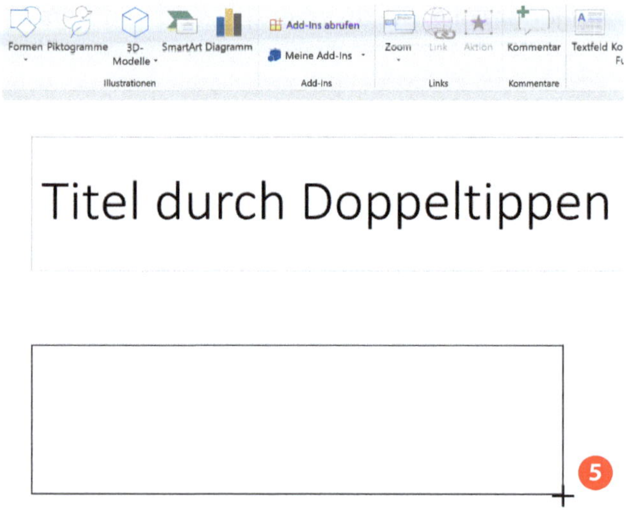

6 Lasse die Maus los und schreibe etwas in das Textfeld hinein.

Dafür kannst du die Tastatur benutzen.

Wenn du ein Textfeld erzeugst, aber nicht sofort etwas hineinschreibst und dann mit der Maus irgendwo anders hinklickst, verschwindet das Textfeld wieder.

Textfelder füllen

Um deine Präsentation mit Informationen zu füllen, zeigen wir dir nun, wie du Text in die Textfelder bekommst, die bereits vorhanden sind (zum Beispiel, weil PowerPoint bereits automatisch auf jeder Folie ein Textfeld erzeugt hat).

1 Klicke auf die Folie, auf der du ein Textfeld befüllen möchtest.

2 Klicke das Textfeld an, in das du einen Text schreiben möchtest.

Du siehst einen blinkenden Cursor, der dir anzeigt, dass du nun über die Tastatur Text eingeben kannst.

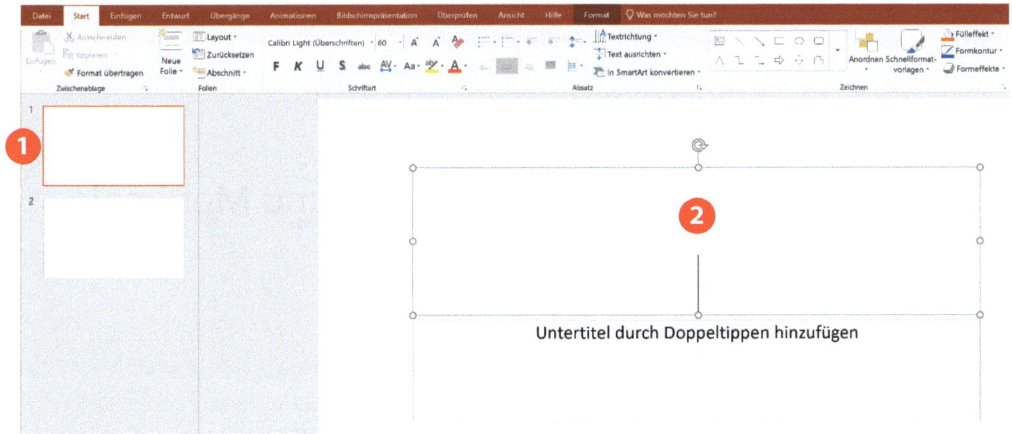

Das wollen wir nun nutzen, um auf der zweiten Folie die wichtigsten Fakten über Pandas zusammenzutragen. Als Erstes haben wir im oberen Textfeld der zweiten Folie den Titel der Folie eingetragen: »Der Panda – Aussehen und Merkmale«. Der Titel soll kurze Schlagworte enthalten, um was es auf der Folie geht.

Für eine Zusammenstellung der wichtigsten Fakten eignen sich besonders gut Aufzählungen:

1. **Klicke in das Textfeld, das du bearbeiten möchtest.**

2. **Klicke auf die Registerkarte Start.**

   Hier findest du vieles, was dein Herz begehrt. Zumindest was das Formatieren von Text betrifft.

3. **Klicke auf das Symbol Aufzählungszeichen.**

   Nun siehst du in deinem Textfeld ein Aufzählungssymbol.

4. **Schreibe deine Punkte auf. Drücke nach jedem Aufzählungspunkt die [Enter]-Taste.**

   Wenn du die [Enter]-Taste drückst, um eine neue Zeile zu beginnen, wird automatisch der nächste Aufzählungspunkt erzeugt.

Probiere noch andere Formatierungen aus. Spiele einfach mal ein bisschen mit den anderen Werkzeugen auf der Registerkarte Start herum.

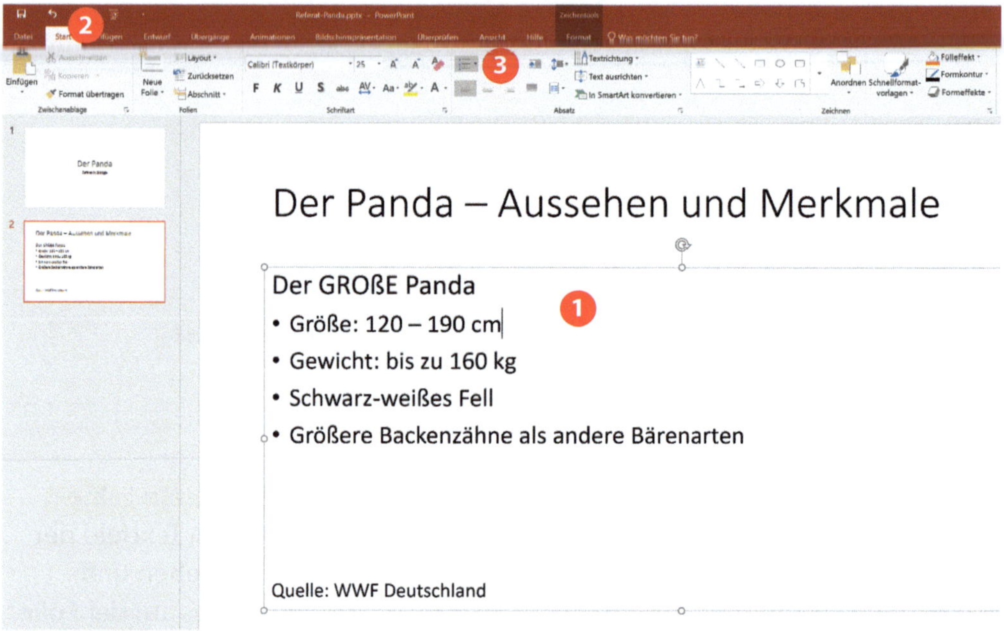

Formatieren *ist ein Fachbegriff aus der Computersprache. Bei der Textformatierung wird festgelegt, wie der Text oder einzelne Teile davon grafisch aussehen sollen.*

Wenn du schon vorhandenen Text in deinem Textfeld verändern möchtest, markiere ihn, indem du in das Textfeld klickst und dann mit gedrückter Maustaste über den Text fährst. Er wird dabei grau hinterlegt. Jetzt kannst du den Text formatieren. Durch das Markieren gehst du sicher, dass nur der Text verändert wird, den du verändert haben möchtest.

Jede Änderung, die du vorgenommen hast und die dir nicht gefällt, kannst du mit dem kleinen Pfeil nach links *in der oberen linken Ecke wieder rückgängig machen.*

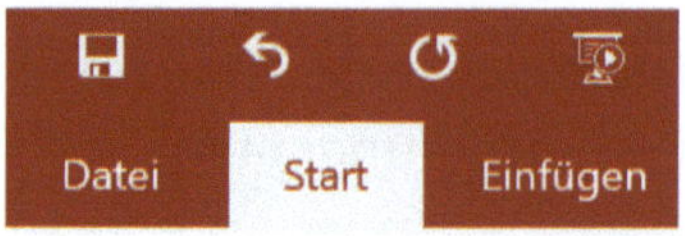

Wenig Text – viel Information

Deine Folien sollen deinen Vortrag unterstützen, aber nicht ersetzen. Im Vortrag sind die Informationen in Sätze eingebettet. Die Folien sollen dagegen die Aufmerksamkeit des Publikums auf die wesentlichen Informationen lenken. Auf die Folie schreibst du deshalb nur Stichworte. Folien sollten nicht zu voll sein, weil man sonst den Wald vor lauter Bäumen nicht mehr sieht. Typischerweise hat eine Folie eine Überschrift und darunter maximal sieben Textzeilen, oft in Form einer Aufzählung.

Sinnvoll ist es, dass jede Folie eine Fußzeile hat. Hier kann klein der Titel des Vortrags, das Datum und vor allem eine Seitenzahl stehen. Die Seitenzahl hilft, gerade bei längeren Vorträgen, dass das Publikum gezielt nachfragen kann, zum Beispiel: »Auf Folie 7 habe ich etwas nicht verstanden«. Wie Fußzeilen für eine gesamte Präsentation erzeugt werden, erklären wir dir in Kapitel 6.

Das Aussehen von Textfeldern festlegen

Hast du schon bemerkt, dass, wenn du in ein Textfeld klickst, oben in der Menüleiste die Rubrik Format hinzukommt? Diese Rubrik ist auch farbig hinterlegt. Du kannst nämlich nicht nur den Text mithilfe der Werkzeuge auf der Registerkarte Start verändern, du kannst auch das Textfeld selbst an deine Wünsche anpassen (zum Beispiel die Farbe des Rahmens oder das Aussehen der Buchstaben verändern). Hierfür nutzt du die Registerkarte Format. Welche Möglichkeiten du hier hast, wollen wir dir nun zeigen.

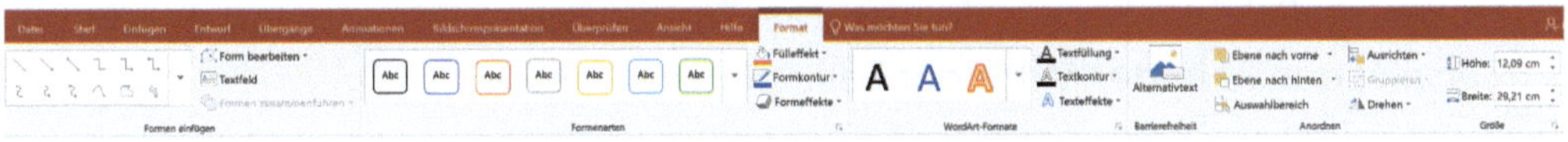

» Formen einfügen: Hier werden dir zahlreiche Formen (zum Beispiel Kreise oder Pfeile) angeboten, die du auf deinen Folien, unabhängig von deinem Textfeld, einfügen kannst. Diese Formen sind beispielsweise hilfreich, wenn du Beziehungen oder Abläufe veranschaulichen willst. In Kapitel 3 werden wir dir übrigens zeigen, wie du Diagramme einfügst.

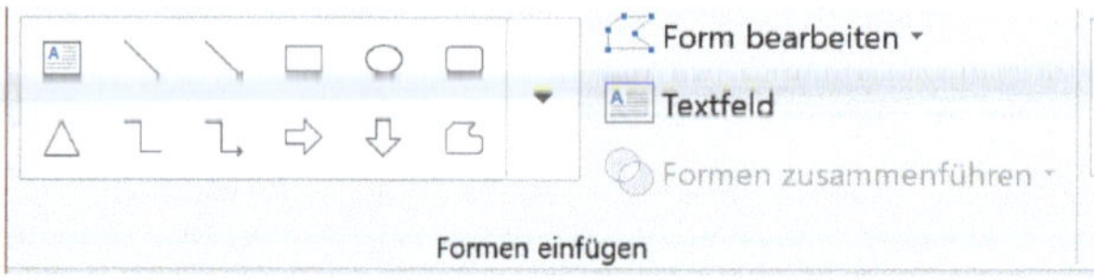

» Formenarten: Hier dreht sich alles um das Textfeld an sich. Du kannst einstellen, ob und in welcher Farbe es einen Rahmen oder eine Füllung haben soll. Du kannst auch Formeffekte, zum Beispiel einen Schatten oder ein Leuchten veranlassen.

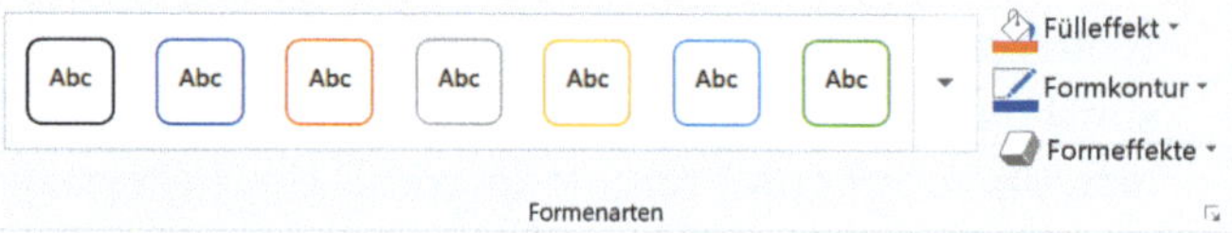

» WordArt-Formate: In diesem Bereich kannst du alle nur denkbaren Veränderungen an deiner Schrift vornehmen (die Farbe, das Aussehen der Buchstabenlinien und vieles mehr).

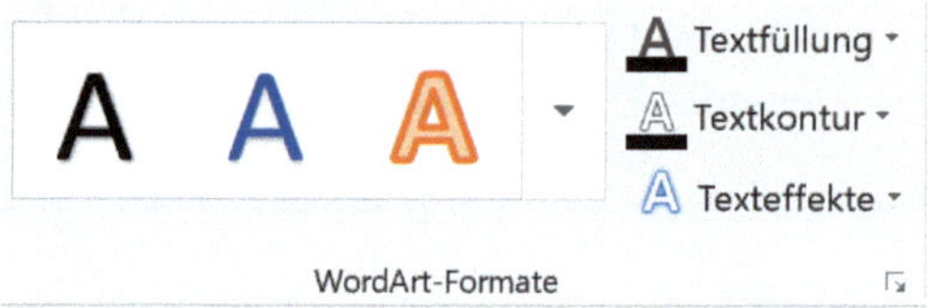

» Anordnen: Dieser Bereich ist wichtig, wenn du mehrere Textfelder oder Textfelder und Bilder übereinander auf der Folie anordnen willst. Soll dein Textfeld vor den anderen Elementen auf deiner Folie zu sehen sein? Dann kannst du das hier mit Ebene nach vorne einstellen. Außerdem kannst du hier dein Textfeld ausrichten (wenn es zum Beispiel genau in der Mitte der Folie platziert werden soll).

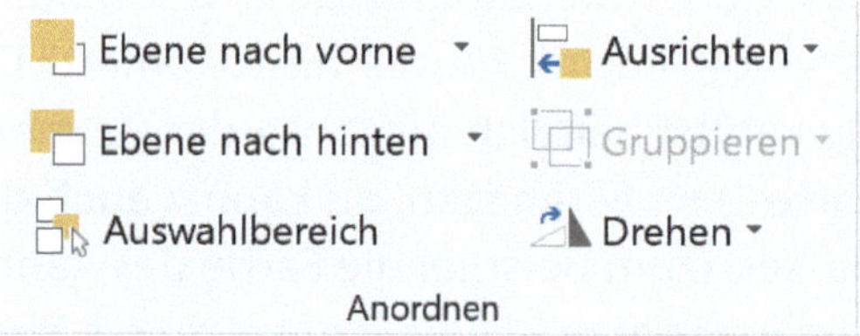

» Größe: Hier kannst du millimetergenau angeben, welche Größe dein Textfeld haben soll.

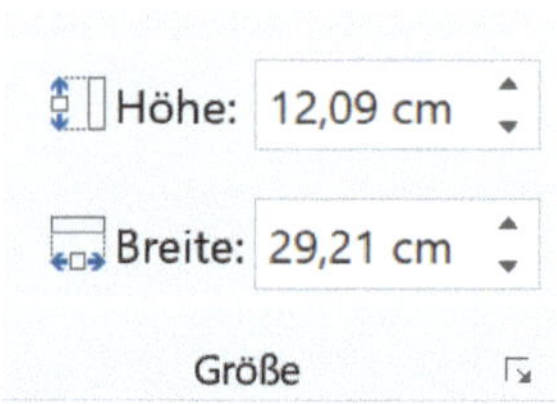

Wenn du es nicht so exakt brauchst, kannst du aber auch das Textfeld einfach anklicken. Du siehst dann kleine runde und viereckige Felder am Rand deines Textfeldes. Klicke eines davon an und verändere mit gedrückter Maustaste die Größe deines Feldes.

Achte darauf, dass du nicht jede Folie einer Präsentation komplett neu gestaltest. Dadurch würde deine Präsentation sehr unruhig und unzusammenhängend wirken. Innerhalb einer Präsentation sollten die Folien möglichst ähnlich aufgebaut sein.

Die kurze Beschreibung, wie man die Größe von Textfeldern ändert, hat dir nicht gereicht? Blättere zu Kapitel 3. Dort zeigen wir dir am Beispiel von Bildern, wie man die Größe von Objekten (ein Bild ist genauso ein Objekt wie ein Textfeld) ändern kann. Es funktioniert bei einem Textfeld genauso!

Bestandteile eines Textes

Aus dem Deutschunterricht weißt du, dass ein Text aus mehreren Absätzen bestehen kann. Absätze bestehen aus einem oder mehreren Sätzen. Sätze bestehen aus Wörtern und Wörter aus einzelnen Buchstaben.

Eine Präsentation hat eine ähnliche Gliederung: Die Präsentation besteht aus Folien, auf jeder Folie werden ein oder mehrere Texte platziert. Jeder Text besteht in erster Linie aus Buchstaben, vielleicht kommen aber auch Satzzeichen wie Doppelpunkt oder Komma oder Fragezeichen und Ziffern vor. Dann können noch mathematische Symbole wie ein + oder ein < vorkommen oder auch besondere Symbole, wie die Aufzählungszeichen. Außerdem sind unsichtbar noch andere Zeichen vorhanden, nämlich Leerzeichen, die du einfügst, indem du auf die lange Taste unten in der Mitte deiner Tastatur drückst.

Wenn du bei PowerPoint das Menü Start auswählst, findest du da den Menüpunkt Schriftart. Du kannst Schriftart und Schriftgröße eines Zeichens ändern und auch den Schriftschnitt, also ob das Zeichen **fett** oder *kursiv* gesetzt werden soll.

Die Befehle im Bereich Absatz verändern das Aussehen des ganzen Absatzes. Die Befehle im Bereich Folien beziehen sich auf die gesamte Folie.

Notizen hinzufügen

Deine Präsentationsfolien sollten nicht zu viel Text enthalten, weil sie sonst schnell überladen wirken. Nun hast du deinen Zuhörern aber sicherlich eine Menge zu erzählen, mehr als auf deinen Folien steht.

Mit PowerPoint kannst du die Dinge, die du während deiner Präsentation erzählen möchtest, mitverwalten. Diese »Notizen« sind später auch in der sogenannten »Referentenansicht« zu finden. Was es damit auf sich hat, erklären wir dir in Kapitel 5. Jetzt möchten wir dir zeigen, wie du Notizen erstellst.

Jede Folie hat unten einen Bereich für Notizen.

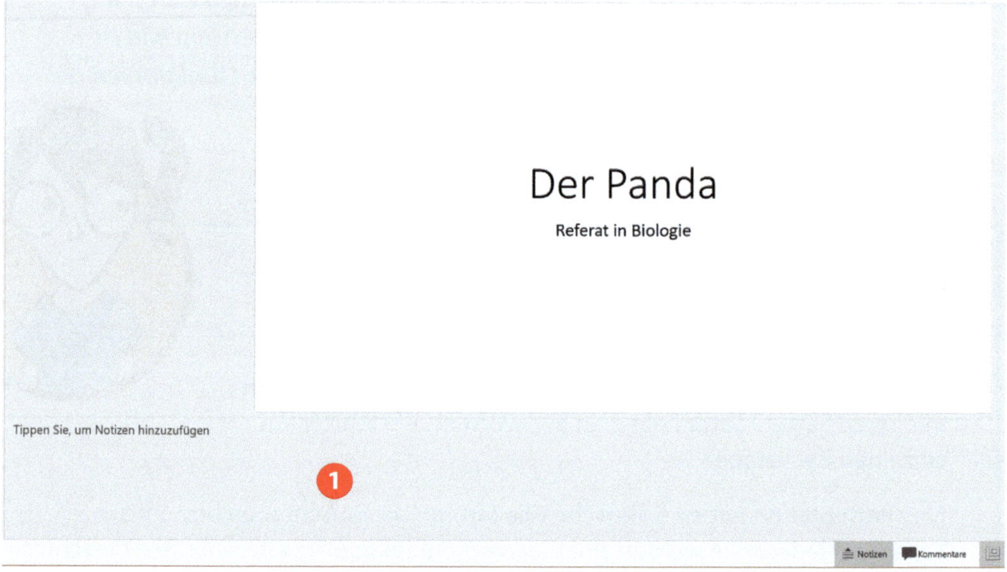

1 Klicke in das Notizfeld, um deine Notizen dort hineinzuschreiben.

Wenn wir unsere Folien bearbeiten, stört uns das Notizfeld manchmal. Daher verkleinern wir es, sodass es auf vielen unserer Folien, die hier in diesem Buch abgebildet sind, kaum oder gar nicht mehr zu sehen ist.

Fahre mit dem Mauszeiger über den oberen Rand des Notizfelds. Der Mauszeiger ändert sich in einen Doppelpfeil, der nach oben und nach unten zeigt. Wenn du nun die Maustaste gedrückt hältst und die Maus nach oben oder unten bewegst, wird das Feld für deine Notizen größer oder kleiner. Die Informationen in deinem Notizfeld bleiben dabei aber immer erhalten, auch wenn du es ganz klein machst, sodass es nicht mehr zu sehen ist.

A = 65: Wie aus Buchstaben Zahlen werden

In Kapitel 1 hast du erfahren, dass im Computer alle Informationen als Kombinationen aus 0en und 1en, also als binäre Zahlen, gespeichert sind. Zur Speicherung von Buchstaben wurde 1963 der ASCII (American Standard Code for Information Interchange) eingeführt. Der ASCII legt für jeden Buchstaben – und jede Menge anderer Zeichen – eine Kombination aus genau acht 0en oder 1en fest.

Acht Bit nennt man auch ein Byte. Mit acht Bit – das sind acht Stellen einer binären Zahl – kann man 256 verschiedene Zeichen kodieren.

065	A	072	H
066	B	073	I
067	C	074	J
068	D	075	K
069	E	076	L
070	F	077	M
071	G	078	N

Der Buchstabe A hat die Nummer 65, binär geschrieben sieht das so aus: 0100 0001.

Die Ziffernfolge 0100 0001 ist eine Zahl im sogenannten Binärsystem, während die 65 im bei uns üblichen Dezimalsystem, bei dem wir Ziffern von 0 bis 9 zur Verfügung haben, angegeben ist.

Du kannst Binärzahlen nach einer einfachen Vorschrift in Dezimalzahlen umrechnen: Jedes Bit steht für eine Zweierpotenz. Zweierpotenzen sind Multiplikationen der 2 mit sich selbst: $2, 2 \cdot 2, 2 \cdot 2 \cdot 2, 2 \cdot 2 \cdot 2 \cdot 2, \ldots$ Zweierpotenzen werden so abgekürzt: $2^1, 2^2, 2^3, 2^4, \ldots$ Von rechts beginnend denkst du dir jetzt für jedes Bit eine Zweierpotenz: Du beginnst mit $1 = 2^0$, dann 2^1, dann 2^2 usw. Du addierst die Werte aller Zweierpotenzen auf, bei denen das Bit den Wert 1 hat, bei 0100 0001 also $2^0 + 2^6 = 1 + 64 = 65$.

Keine Zeit, keine Lust: Ich lass das Referat von einem KI-System machen

In den letzten Jahren ist viel von Künstlicher Intelligenz (kurz KI) die Rede. Vor allem KI-Assistenten wie ChatGPT, Copilot oder Gemini werden von sehr vielen Menschen genutzt – auch von Schülerinnen und Schülern und von Lehrkräften. Diese Systeme nutzen »generative« KI. Das sind Systeme, die aufgrund von Eingaben, sogenannten Prompts, Texte, Bilder oder Videos erzeugen können. In Kapitel 7 werden wir dir zeigen, wie du Copilot von Microsoft nutzen kannst, um Folien zu erstellen. Du kannst dir zum Beispiel eine Gliederung erstellen lassen, indem du promptest: »Erstelle eine Gliederung mit kurzen Texten für ein Referat über Pandas«. Für eine gegebene Gliederung kannst du dir auch Vorschläge für Aufbau und Inhalt der einzelnen Folien generieren lassen. Generative KI kann dir also Arbeit abnehmen und dir helfen, wenn du noch keine gute Idee hast, welche Inhalte du in deinem Referat aufnehmen sollst. Allerdings macht das Nachdenken über ein Thema, das eigene Herausfinden, was wichtige Informationen sind, und das Gestalten von Folien ja auch Spaß. Stell dir vor, dass in deiner Klasse alle präsentierten Referate gar nicht mehr von den einzelnen Personen vorbereitet wurden, sondern von einem KI-System. Vermutlich ist die Art der Gliederung und das Aussehen der Folien dann bei allen sehr ähnlich. Macht es dann noch Spaß, Referaten zuzuhören, die alle gleich aufgebaut und gestaltet sind? Und wenn du dein KI-generiertes Referat präsentierst, kannst du danach stolz auf dich sein? Wenn ein KI-System dir alles abnimmt, was zur Vorbereitung eines Referats gehört, kannst du dann noch lernen, wie man sich mit einem Thema auseinandersetzt, zu bewerten, was interessant und wichtig ist, und zu prüfen, ob die Informationen, die man nutzt, auch korrekt sind? Wenn du ein KI-System nutzen willst, ist es meistens besser, dass du erstmal selber nachdenkst. Danach kannst du ja das KI-System befragen und deine Ideen mit den generierten Vorschlägen vergleichen. Vielleicht magst du dann ein paar Dinge, die du dir überlegt hast, nochmal ändern. In einer solchen Zusammenarbeit von Mensch und KI solltest aber immer du, der Mensch, letztendlich entscheiden, was dir wichtig ist, und nicht einfach unhinterfragt alles übernehmen, was das KI-System dir ausgibt.

Kapitel 3
Jetzt wird's bunt

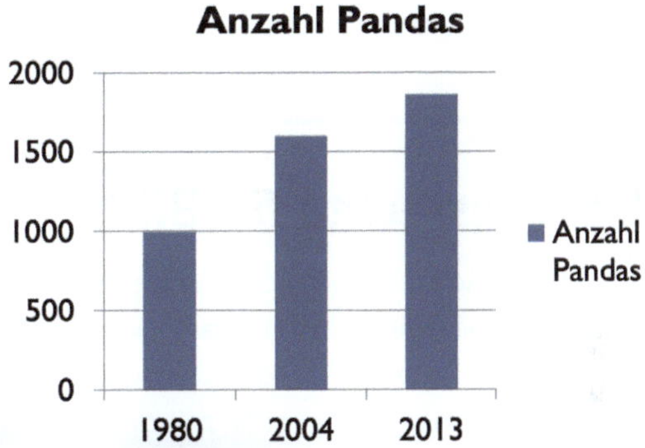

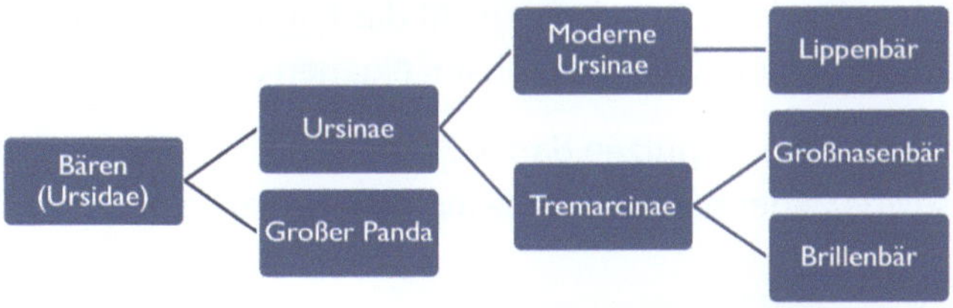

Jahr	Anzahl lebender Pandas
1980	1000
2004	1600
2013	1864

Was wäre eine Präsentation ohne Bilder? Informationen lassen sich mit einem Bild oder einer Grafik oft leichter vermitteln. Bilder helfen auch, Text zu sparen (»Ein Bild sagt mehr als 1000 Worte«). In PowerPoint kannst du daher Grafiken, Tabellen und Diagramme einfügen, um deine Präsentation anschaulicher und abwechslungsreicher zu gestalten.

Bilder auf Folien

Wenn du Bilder in deine Präsentation einfügen möchtest, musst du wissen, wie das technisch geht. Das erklären wir dir gleich. Du musst aber auch ein paar rechtliche Dinge beachten. Details dazu findest du im Kasten »Nutzungsrechte für Bilder«.

Nutzungsrechte für Bilder

Im Internet findest du einfach und bequem zahlreiche Bilder. Wenn du deine Präsentation aber – beispielsweise im Internet – auch veröffentlichen willst, darfst du die Bilder normalerweise nur nach vorheriger Absprache mit dem Fotografen und den abgebildeten Personen verwenden. Die Juristen nennen das »das Urheberrecht des Fotografen oder des Zeichners« und »das Recht der abgebildeten Person am eigenen Bild«.

Es gibt im Internet aber auch Bilder, die du nutzen darfst. Diese sind als *gemeinfrei* gekennzeichnet. Du findest solche Bilder beispielsweise auf dem Portal https://pixabay.com/de

Willst du dennoch ein anderes Bild in deinem Referat oder in deiner Ausarbeitung verwenden – beispielsweise, weil du ein ganz bestimmtes Motiv zeigen möchtest –, darfst du dein Referat nur in deiner Klasse präsentieren, aber auf keinen Fall veröffentlichen – auch nicht am Tag der offenen Tür in deiner Schule.

In jedem Fall musst du die Quelle angeben – so wie wir das rechts vom ersten Bild in diesem Kapitel gemacht haben.

So. Und wie kommt nun ein Bild auf die Folie?

Bilder einfügen

1 **Klicke auf die Folie, auf der das Bild eingefügt werden soll.**

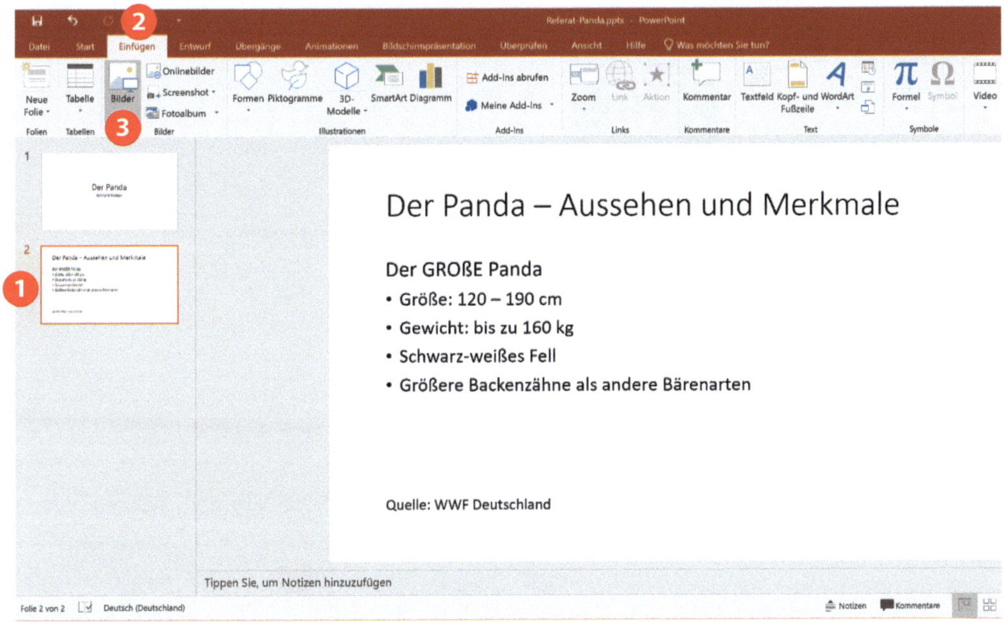

2 **Klicke in der Menüleiste oben auf Einfügen.**

3 **Wähle Bilder aus.**

4 **Nun klickst du auf den Ordner, in dem sich das Bild befindet, das du einfügen möchtest.**

5 **Klicke das Bild an.**

Der Button Öffnen unten rechts ändert sich zu Einfügen.

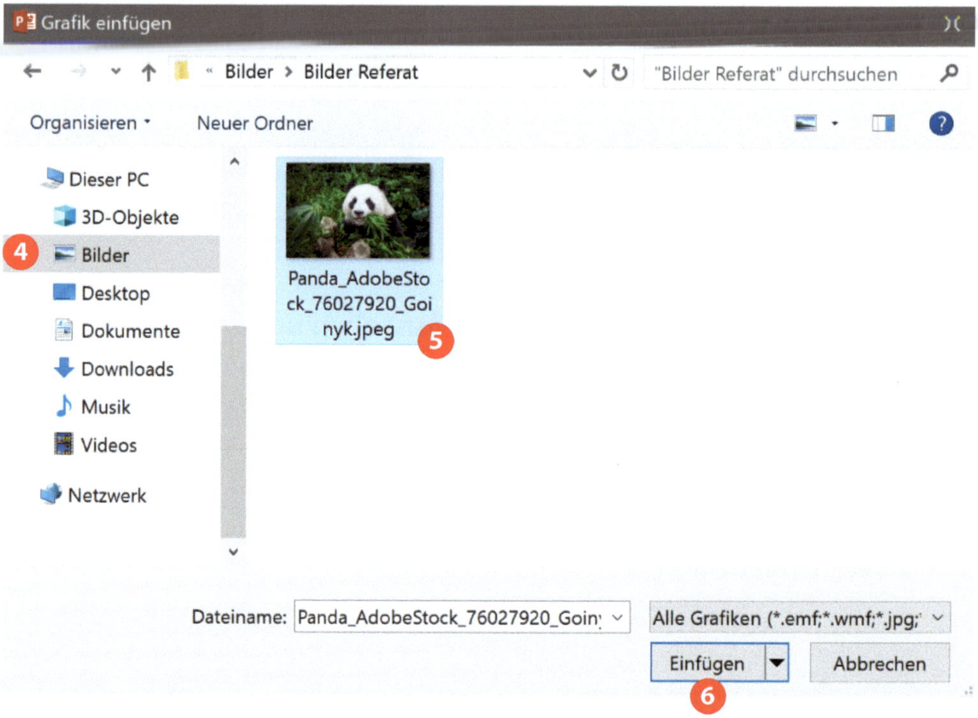

Panda: © Goinyk - stock.adobe.com

6 Klicke auf Einfügen.

Beim Einfügen deines Bildes in die PowerPoint-Präsentation hast du vielleicht gesehen, dass die Bilddateien in den Ordnern einen Dateinamen und eine Dateiendung haben. Typische Endungen für Bilddateien sind ».jpg« und ».png«. Du kannst bei der Auswahl der Bilder festlegen, dass dir nur Bilder in einem ganz bestimmten Dateiformat zur Auswahl angezeigt werden sollen.

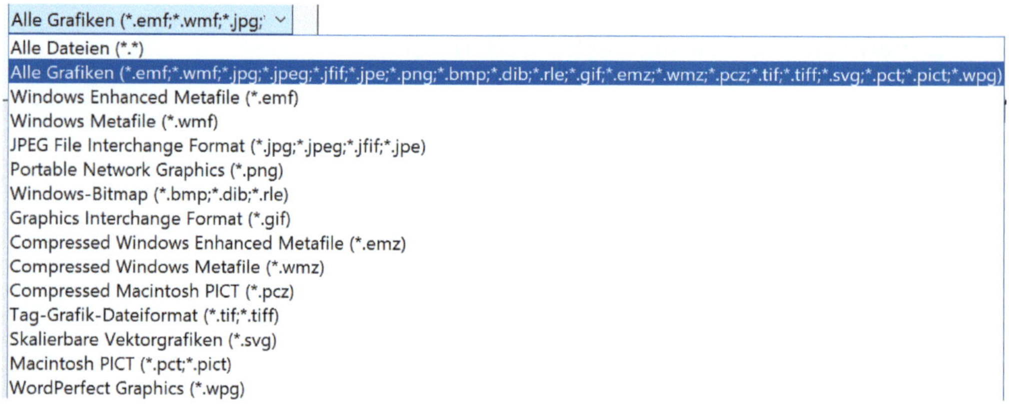

Jede auf dem Rechner gespeicherte Datei hat ein bestimmtes Format, das typischerweise durch drei oder vier Buchstaben hinter einem Punkt nach dem Dateinamen angezeigt wird. Wenn du deine PowerPoint-Präsentation speicherst, wird sie mit dem Kürzel .ppt *oder* .pptx *abgeschlossen. Wenn du dann auf diese Datei klickst, weiß das Betriebssystem des Rechners, mit welchem Programm diese Datei geöffnet werden kann. Würdest du die Datei mit einem anderen Programm öffnen, würde dieses die gespeicherten Daten nicht richtig »verstehen« und eine Fehlermeldung ausgeben.*

Formate von Grafiken

Bei Grafiken gibt es zwei häufig genutzte Formate:

- *.jpg* oder *.jpeg*: Dieses Format eignet sich vor allem für natürliche Bilder, also für Fotos, die du mit deiner Kamera machst.
- *.png*: Dieses Format eignet sich vor allem für künstlich erzeugte Bilder, zum Beispiel für Screenshots und am Computer erstellte Bilder und Zeichnungen.

In Präsentationen fügt man üblicherweise Bilder in den beiden genannten Formaten ein. Diese Formate gehören zur Familie der *Rastergrafiken*. Bei Rastergrafiken wird ein Bild über sogenannte Pixel beschrieben. Die Breite und Höhe des Bildes ist durch die Menge an Pixeln festgelegt. Wenn du ein solches Bild vergrößerst, wird die Qualität schlechter, das Bild sieht irgendwann »pixelig« aus. Mehr Hintergrundwissen zu Pixeln findest du am Ende dieses Kapitels.

Alternativ kann ein am Computer gemaltes Bild (kein Foto!) auch als *Vektorgrafik* gespeichert werden. Für Vektorgrafiken werden die geometrischen Grundelemente wie Linien, Kreise und Polygone, die im Bild vorhanden sind, mathematisch beschrieben. Wenn du also einen Kreis malst, werden Mittelpunkt und Durchmesser in der Grafikdatei gespeichert. Diese Informationen werden durch Angaben zur Liniendicke, zur Farbe oder zum Füllmuster ergänzt. Um das Bild auf dem Monitor anzeigen zu können, werden die Informationen in eine Rastergrafik umgerechnet. Das Umrechnen wird als *Rendern* bezeichnet (von engl. to render = ausführen). Das Format *.eps* ist ein sehr altes Format für Vektorgrafiken.

Nun befindet sich das Bild auf deiner Folie. Nur wird es wahrscheinlich noch nicht die passende Größe haben und auch noch nicht an der richtigen Stelle platziert sein. Du kannst die Größe und die Position des Bildes aber noch verändern.

Wenn man Eigenschaften von Objekten verändert, nennt man dies Formatieren. *Formatieren kann man im Prinzip alle Objekte in einem Dokument – die Bilder, die Tabellen und den Text. Für vergleichbare Objekte gibt es ähnliche Formatierungsbefehle: Textfelder, Bilder, Tabellen und Diagramme kann man verschieben. Textteile kann man* ***fett*** *oder* kursiv *setzen. Außerdem kann man die Schriftgröße und -art ändern.*

Bilder vergrößern, drehen, verschieben

1 Klicke das Bild an.

Du siehst an jeder Ecke des Bildes kleine Kreise, an jeder Seite kleine Vierecke und oben einen grünen Kreis. Wenn du mit der Maus über einen solchen Punkt fährst, verändert sich der Cursor – an den Ecken und Seiten in einen Doppelpfeil, über dem grünen Punkt in einen Kreispfeil.

Panda: © Goinyk - stock.adobe.com

2 **Halte die Maustaste über dem Doppelpfeil in einer Ecke gedrückt und bewege die Maus.**

So kannst du die Größe des Bildes ändern.

3 **Halte die Maustaste über dem Doppelpfeil an einer Seite gedrückt und bewege die Maus.**

So kannst du nur die Höhe oder nur die Breite des Bildes verändern.

4 **Halte die Maus über dem Kreispfeil am grünen Punkt gedrückt und bewege sie dabei.**

So kannst du das Bild drehen.

Wenn du mitten in das Bild klickst, erscheint ein Vierfachpfeil. Wenn du den Mauszeiger gedrückt hältst, kannst du das Bild frei auf der Folie verschieben.

Weitere Anpassungsmöglichkeiten

Es ist dir bestimmt schon aufgefallen: Als du das Bild eingefügt hast, wurde in der Menüleiste oben ein neues Register Format geöffnet. Hier findest du Werkzeuge, mit denen du noch weitere Veränderungen an deinem Bild vornehmen kannst.

» Ebene nach vorne: Wenn das Bild im Vordergrund zu sehen sein soll und die dahinterliegende Schrift verdecken soll, klickst du zuerst hier auf das kleine Dreieck und dann auf In den Vordergrund.

» Ebene nach hinten: Das Bild kann hier genau wie bei »Ebene nach vorne« in den Hintergrund geschoben werden. Wie das aussieht, siehst du bei dem Foto vom Großen Panda. Mit der Auswahlmöglichkeit Ebene nach hinten statt In den Hintergrund kannst du das ausgewählte Bild auch zwischen zwei andere Objekte legen. Du kannst dir das wie bei einer Collage aus Papierzetteln vorstellen, wo sich die Zettel auch überlappen können.

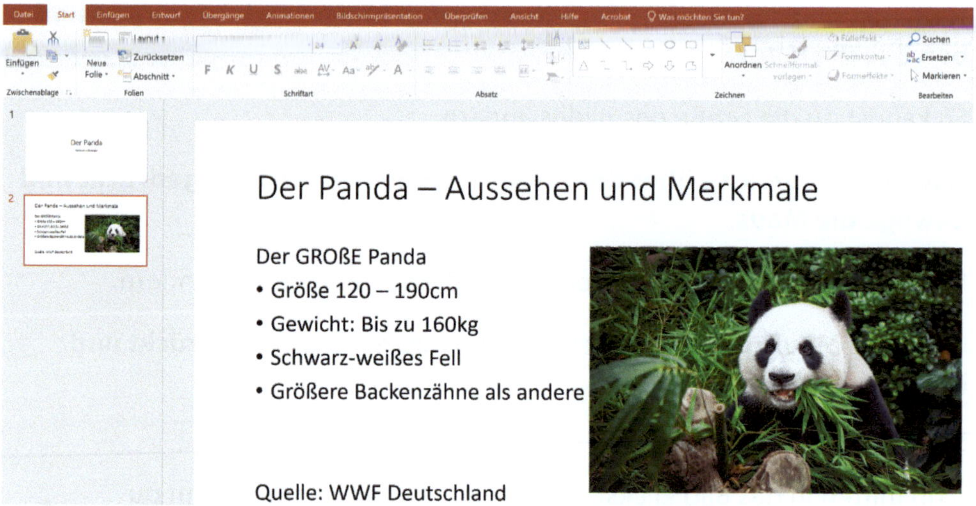

Panda: © Goinyk - stock.adobe.com

1 **Das eingefügte Bild verdeckt einen Teil des Textes.**

2 **Klicke auf Start.**

3 **Klicke auf Anordnen.**

4 **Nun kannst du das Bild in den Hintergrund schieben, damit der Text im Vordergrund ist**

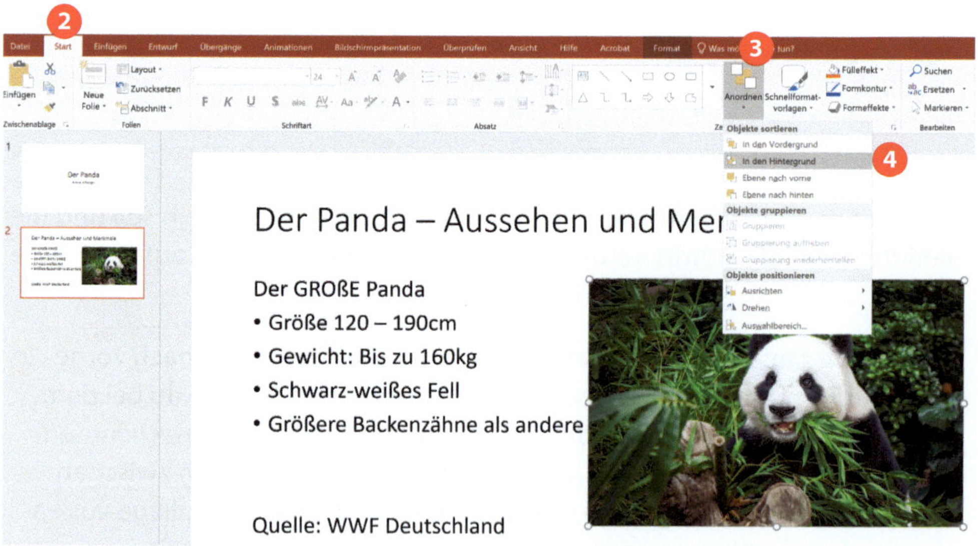

Panda: © Goinyk - stock.adobe.com

Der Text ist nun zwar wieder im Vordergrund, aber er ist nur sehr schwer zu lesen.

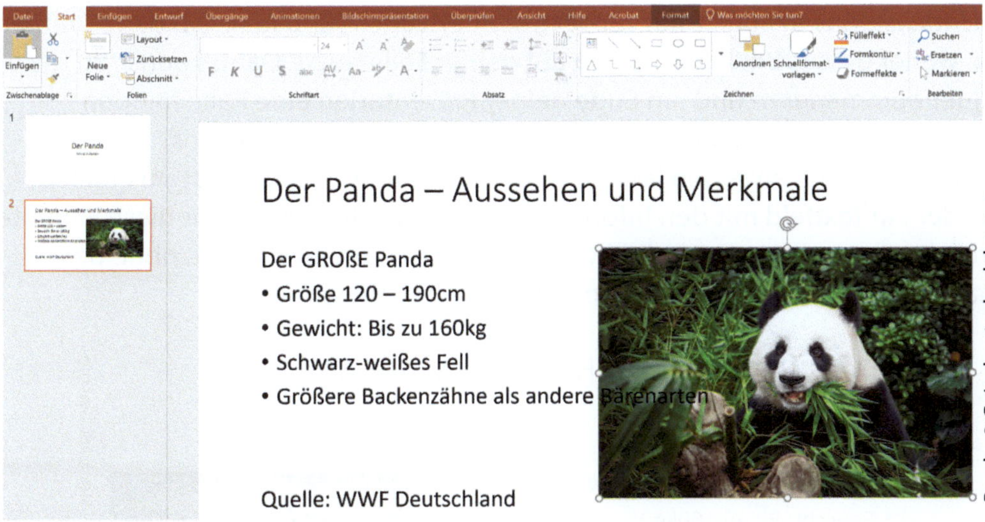

Panda: © Goinyk - stock.adobe.com

Wir haben das Bild einfach etwas verkleinert und nach rechts verschoben, so dass der Text wieder lesbar ist.

Panda: © Goinyk - stock.adobe.com

In unserem Beispiel ragt nach dem Einfügen des Bildes vom Panda die Schrift in das Bild hinein. Das sieht nicht schön aus und der Text ist nicht gut lesbar. Versuche, so etwas zu vermeiden! Verändere entweder die Größe der Schrift oder des Bildes oder schreibe einen Teil des Textes in die nächste Zeile.

Wir haben nun unser Bild eingefügt – aber ist dir aufgefallen, was wir vergessen haben? Im Kapitel 2 haben wir dir erklärt, dass das Zitieren von Quellen sehr wichtig ist. Das gilt nicht nur für Text, sondern auch für Bilder. Gib daher immer an, woher du das Bild hast, das du auf deiner Folie nutzt. Dafür kannst du die Bilder nummerieren und am Ende deiner Präsentation eine Folie mit den Nummern und dazugehörigen Quellen auflisten. Alternativ kannst du direkt unter jedem Bild anzeigen lassen, woher es stammt – dafür fügst du einfach wieder ein Textfeld mit den Informationen ein. Wir haben uns für diese Variante entschieden, weil dadurch direkt klar ist, woher das Bild stammt, ohne dass man auf die letzte Folie der Präsentation warten muss.

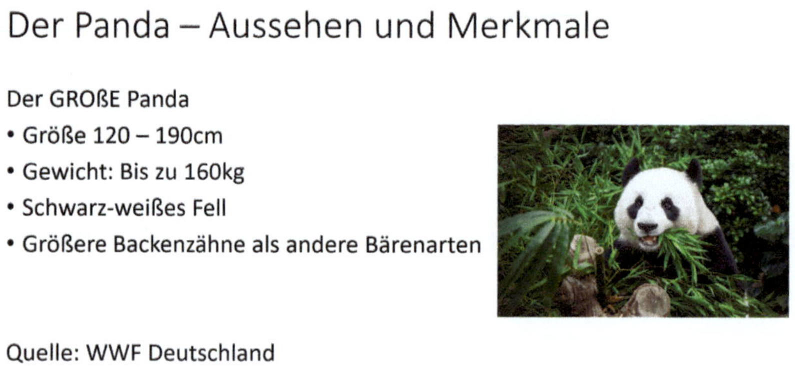

Panda: © Goinyk - stock.adobe.com

Egal ob Bild, Diagramm oder Tabelle: Wenn dir ein Objekt nicht gefällt, kannst du es natürlich jederzeit löschen. Klicke dafür auf das Bild oder auf den Rahmen der Tabelle oder des Diagramms und drücke die Taste Entf *(für Entfernen) auf der Tastatur.*

Tabellen auf Folien

In deinem Geografiebuch und in deinem Mathebuch gibt es sicher auch Tabellen. Eine Tabelle ist aus Zeilen und Spalten aufgebaut. In Tabellen werden Daten übersichtlich dargestellt. Beispielsweise kann in einer Tabelle gezeigt werden, wie sich die Anzahl von Pandas über die Jahre verändert hat.

Tabellen erstellen

Wenn du Panda-Zahlen für die Jahre 1980, 2004 und 2013 hast, dann brauchst du eine Tabelle mit zwei Spalten. In die erste Spalte schreibst du die Jahreszahl und in die zweite Spalte die Anzahl der Pandas. Weil du Angaben für drei Jahre machen willst, sollte die Tabelle vier Zeilen haben. Die erste Zeile reservierst du für die Spaltenüberschriften.

1. **Klicke auf das Menü Einfügen.**
2. **Wähle Tabelle aus.**
3. **Markiere die Anzahl von Zeilen und Spalten, die deine Tabelle haben soll.**

   Fahre mit der Maus über die kleinen Quadrate und klicke rechts unten auf das passende Kästchen. Rechts auf deiner Folie siehst du gleichzeitig, wie deine Tabelle aussehen wird.

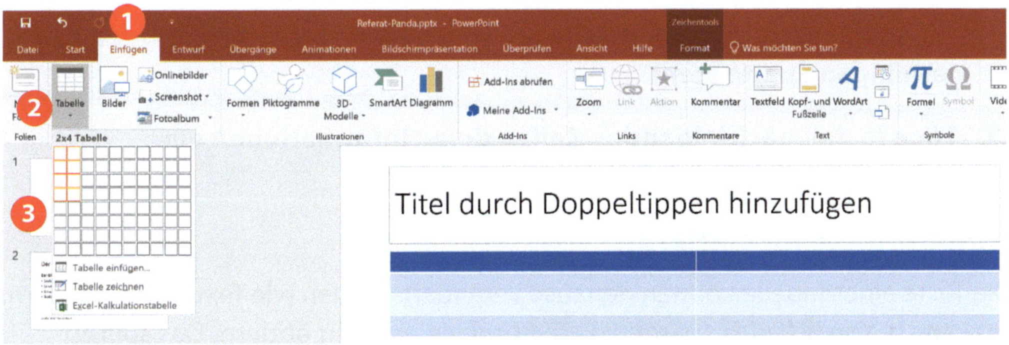

1. **Alternativ kannst du auch eine leere Folie erzeugen und auf dem bereits vorgefertigten Textfeld auf das Icon für Tabellen klicken.**

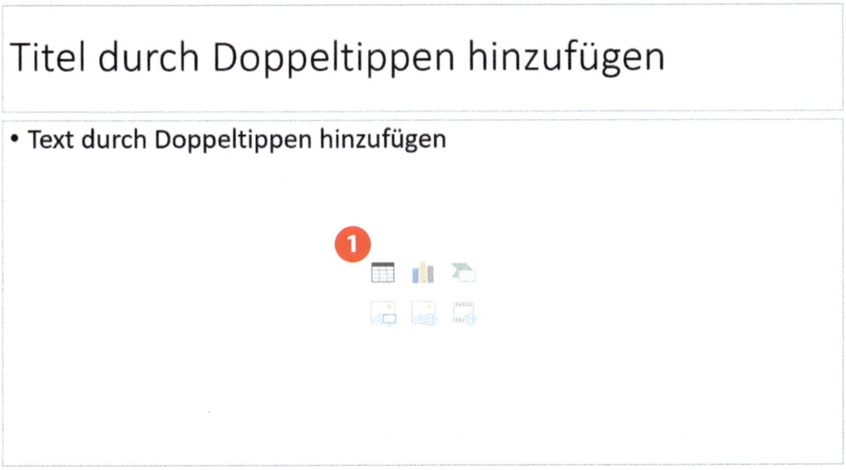

Tabellen füllen

Nachdem du die Tabelle erstellt hast, kannst du die Tabelle mit Informationen füllen.

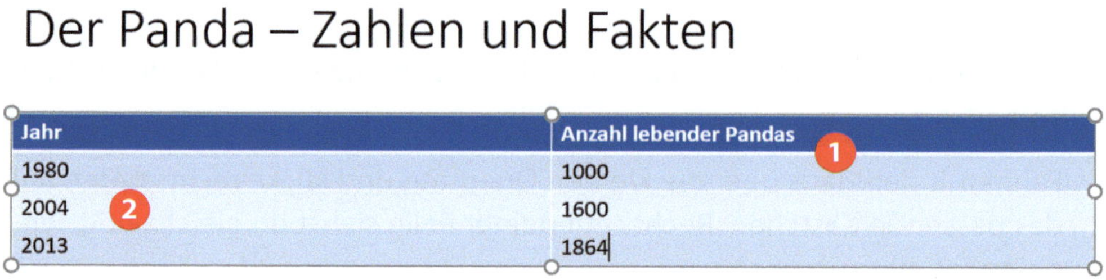

1 **Gib in der ersten Tabellenzeile an, welche Art von Informationen in der jeweiligen Spalte steht.**

2 **Füge in den nachfolgenden Zeilen deine Informationen ein.**

Tabellentext formatieren

Die Texte einer Tabelle können genauso verändert werden wie Texte in Textfeldern. Du kannst also Schriftart, Größe, Farbe und vieles mehr ändern. Das solltest du aber nur sehr sparsam und überlegt tun. Tabellen sollen Informationen übersichtlich vermitteln. Ein zu buntes Layout lenkt eher ab.

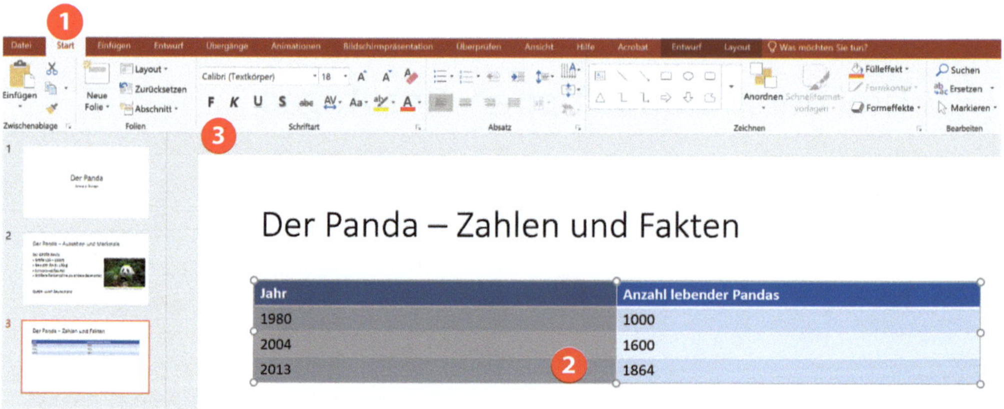

1 **Klicke oben im Menü auf das Register Start.**

2 **Markiere in deiner Tabelle den Text, den du verändern möchtest.**

3 Wähle im Menüband im Bereich Schriftart und Absatz aus, wie dein Text dargestellt werden soll.

Soll deine Schrift zum Beispiel fett dargestellt werden, dann klicke auf den Buchstaben F für **Fett**.

Du kannst für jede Spalte den Inhalt ausrichten – wie bei jedem Text kann das linksbündig, zentriert *oder* rechtsbündig *sein.*

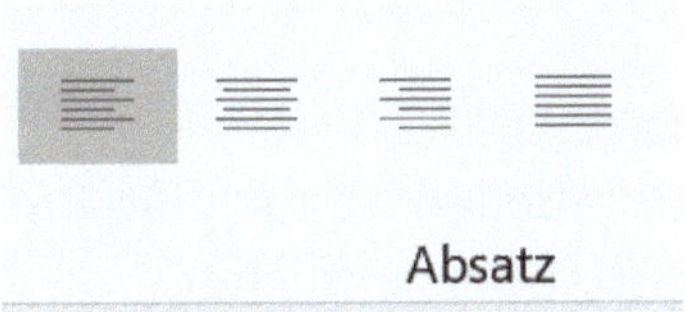

Aufgabe 1: *Stell dir vor, die Zahlen in der zweiten Spalte hätten unterschiedlich viele Stellen, zum Beispiel 152, 13, 1800. Welche Ausrichtung ist dann am übersichtlichsten?*

Tabellen formatieren

Auch die Tabelle selbst kann formatiert werden. Du kannst zum Beispiel entscheiden, welche Linien sichtbar sein sollen. Bei wissenschaftlichen Tabellen werden oft nur die horizontalen Linien angezeigt. Ansonsten werden meist alle Spalten und Zeilen durch sichtbare Linien getrennt.

1 Klicke auf die Tabelle, die du formatieren möchtest.

2 Wähle oben im Menü das Register Entwurf.

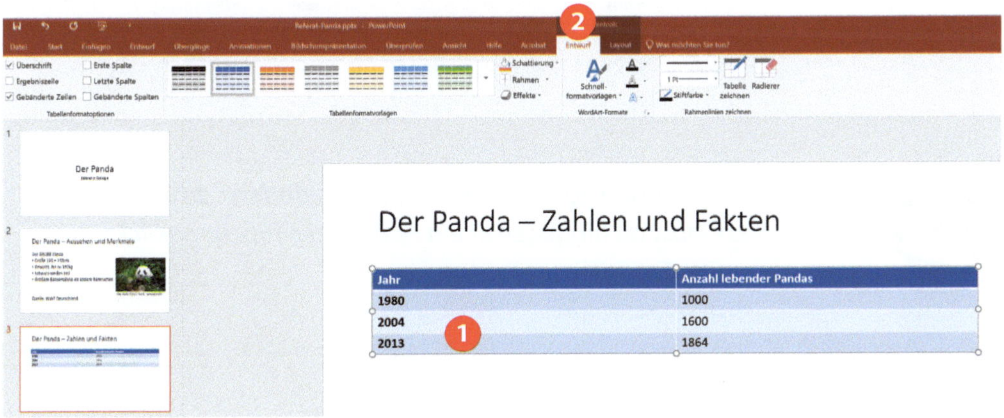

Die Befehle für die Tabellenlinien findest du rechts neben den Tabellenformatvorlagen. Das Symbol dafür ist eine kleine 2 x 2-Tabelle.

Auf dieser Registerkarte findest du auch Werkzeuge, um die Farbe deiner Tabelle zu verändern.

Spiele einmal mit einer Tabelle und überlege, welche Variante du am schönsten, welche du am übersichtlichsten findest.

Spaltenbreite ändern

Wichtig für das Aussehen der Tabellen ist auch die Breite der einzelnen Spalten. Hier gilt: Je regelmäßiger, desto übersichtlicher.

1. **Klicke die Tabelle an, deren Breite du verändern möchtest.**
2. **Wähle im Menü das Register Layout aus.**
3. **Klicke auf Zellengrösse.**
4. **Gib an, wie hoch und breit deine Zeilen und Spalten sein sollen.**

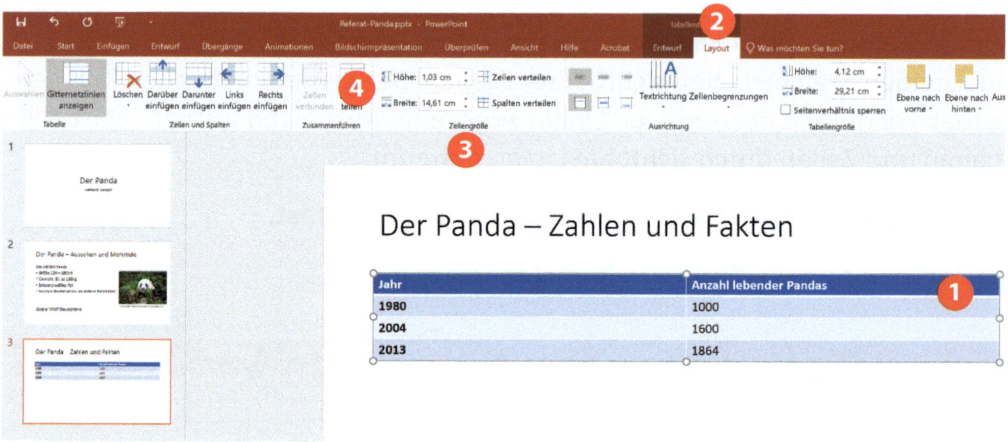

Wenn du den Rand der Tabelle angeklickt hast, änderst du die Größe aller Spalten. Hast du hingegen in ein Feld deiner Tabelle geklickt, änderst du nur die Größe dieses Feldes.

Wenn du auf Zeilen verteilen *oder* Spalten verteilen *klickst, werden alle Zeilen oder Spalten automatisch gleich hoch oder breit.*

Wenn du mit dem Mauszeiger über eine der Linien in deiner Tabelle fährst, verändert sich der Cursor in einen Doppelpfeil. Wenn du nun mit der Maustaste klickst und die Maus bewegst, ändert sich die Breite der Spalte oder Höhe der Zeile auch. Dies geht schneller als der beschriebene Weg über das Register »Layout«, ist aber nicht so genau, da du die Spaltenbreite nicht auf den Millimeter genau angeben kannst.

Tabellen verschieben

Weiter vorn in diesem Kapitel hast du gelernt, dass du Bilder verschieben kannst. Ein verschiebbares Element wird als *Gleitobjekt* bezeichnet. Tabellen werden zwar anders erzeugt als Bilder, aber sie sind ebenfalls Gleitobjekte. Das Verschieben funktioniert genau nach demselben Prinzip wie bei Bildern.

Wie war das noch? Klicke die Tabelle am Rand an (der Vierfachpfeil erscheint) und halte die Maustaste gedrückt. Nun kannst du die Tabelle frei auf deiner Folie verschieben. Vergiss nicht, die ganze Zeit die Maustaste gedrückt zu halten.

Diagramme auf Folien

Große Tabellen, die viele Zahlen enthalten, sind oft nicht mehr übersichtlich und auch nicht so einfach zu verstehen. Dann ist ein Diagramm hilfreich. Die Zahlen einer Tabelle werden in einem Diagramm zum Beispiel durch Säulen verschiedener Höhe dargestellt. PowerPoint bietet viele verschiedene Diagrammarten an, wir wollen dir zwei davon vorstellen: das *Balkendiagramm* (in PowerPoint heißt dies Gruppierte Säule) und das *Baumdiagramm* (in PowerPoint als SmartArt – Horizontale Hierarchie bezeichnet).

Diagramm erstellen

1. **Klicke die Folie an, auf der das Diagramm eingefügt werden soll.**
2. **Gehe in der Menüleiste auf Einfügen und wähle dort Diagramm aus.**

   Nun werden dir eine Menge Darstellungsarten für Diagramme angezeigt.
3. **Wähle eine Diagrammart aus.**

   Wir haben Gruppierte Säulen ausgewählt.

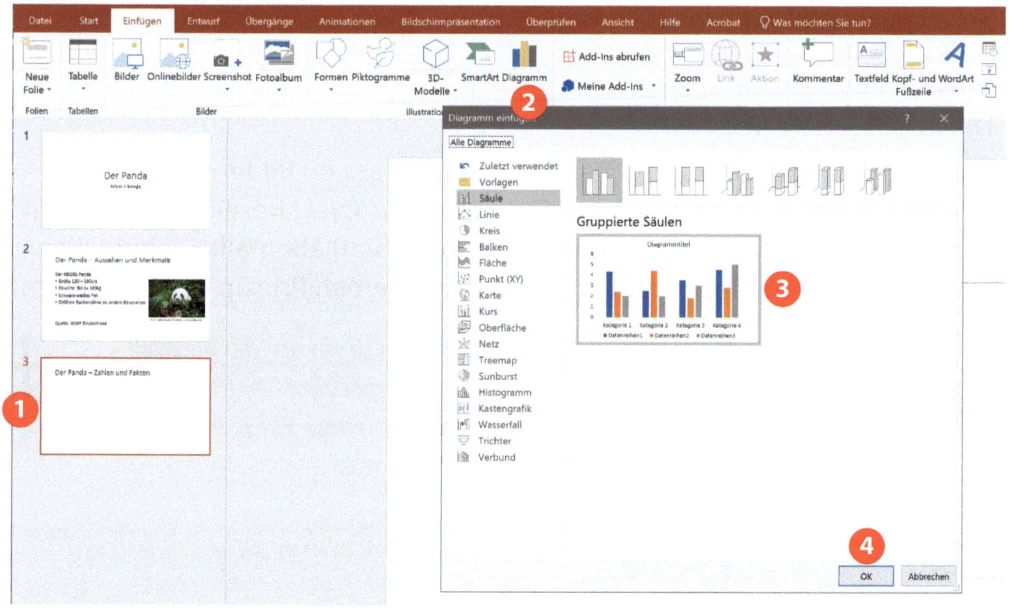

4. **Klicke auf OK.**

   Ein Diagramm wird auf deiner Folie eingefügt. Gleichzeitig öffnet sich das Programm Excel, ebenfalls von Microsoft, das dir die Eingabe deiner Daten ermöglicht. Wundere dich nicht, dass schon Zahlen in der Excel-Tabelle stehen. Du wirst sie gleich einfach überschreiben.

1 **Alternativ kannst du auch wieder den Weg über das Icon auf dem Textfeld der neu erstellten Folie gehen und hier das Icon für Diagramme auswählen.**

Probiere aus, wie sich das PowerPoint-Diagramm verändert, wenn du Werte in der Excel-Datei veränderst oder löschst.

In der Menüleiste haben sich nun wieder passende Register geöffnet (Entwurf, Layout, Format), mit deren Werkzeugen du dein Diagramm verändern kannst.

Diagramm zu deinen Daten

Zunächst aber müssen die richtigen Zahlen in Excel eingetragen und die Beschriftungen im Diagramm angepasst werden.

1 **Ersetze die Zahlen der Tabelle in der Excel-Datei durch deine Werte.**

Klicke hierfür das jeweilige Feld der Tabelle an und ändere seinen Inhalt.

2 **Mit der Beschriftung deiner Tabelle verfährst du genauso.**

Statt »Datenreihe 1« haben wir »Anzahl Pandas« über die Spalte der Excel-Tabelle geschrieben.

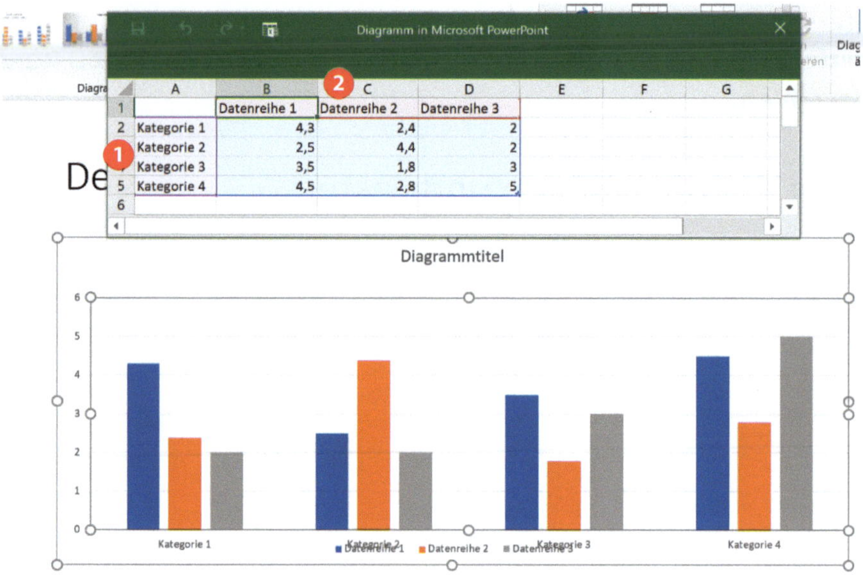

1 **Markiere in der Excel-Tabelle anschließend die Spalten, die du nicht benötigst.**

Bei uns sind das die Spalten »Datenreihe 2« und »Datenreihe 3«.

2 **Nach einem Rechtsklick mit der Maus öffnet sich eine neue Menüspalte.**

3 **Gehe auf Zeile/Spalte löschen.**

4 **Wähle Tabellenspalten (zum Löschen von Spalten).**

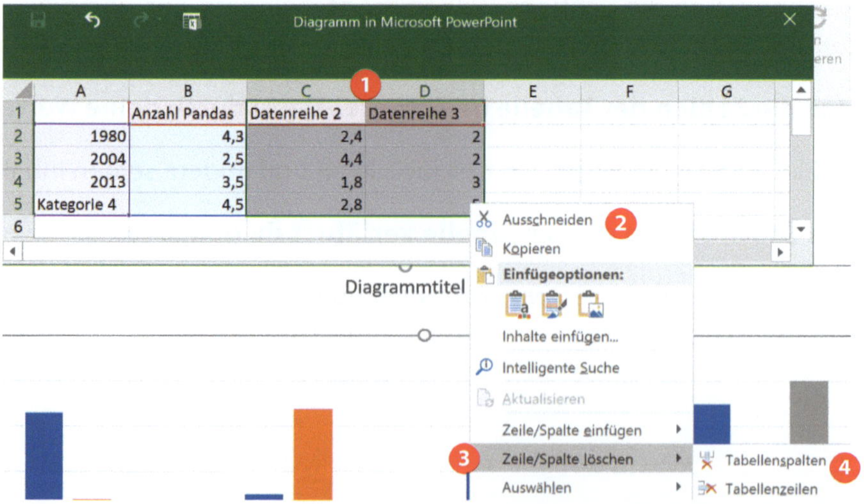

5 **Zum Löschen von Zeilen wiederholst du die Schritte 1 bis 4. Natürlich markierst du in Schritt 1 die zu löschenden Zeilen und wählst in Schritt 4 Tabellenzeilen (zum Löschen von Zeilen) aus.**

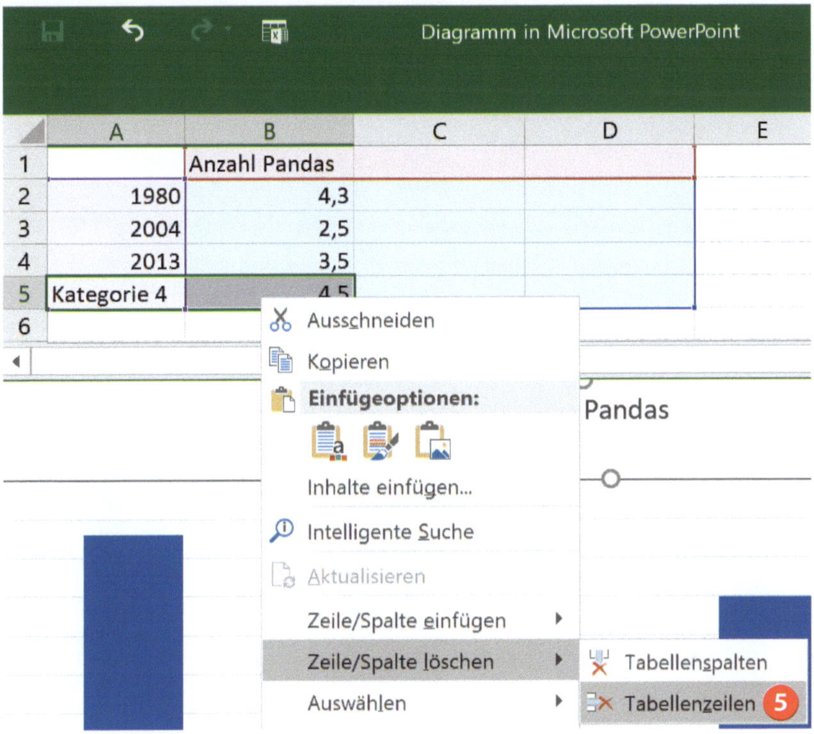

PowerPoint übernimmt alle Veränderungen, die du in Excel vornimmst, automatisch in das Diagramm in deiner PowerPoint-Präsentation.

Dir gefällt noch nicht, wie dein Diagramm aussieht? Unter dem Menüpunkt Format *findest du viele Möglichkeiten, um Farben, Rahmen und Schriften deines Diagramms zu verändern. Spiele damit.*

Du kannst das Excel-Programm schließen, wenn du deine Zahlen eingegeben hast. Excel nutzen wir nur als Hilfsprogramm, um eine Tabelle zu erstellen, die in ein Diagramm umgewandelt werden kann. Wenn du später Zahlen ändern möchtest, klickst du einfach in deiner PowerPoint-Präsentation auf das zu ändernde Diagramm. In der Menüleiste öffnen sich dann wieder die bekannten Register. Klicke auf Entwurf *und dann auf* Daten bearbeiten*. Es öffnet sich wieder das Excel-Programm.*

Wenn du dir nicht sicher bist, ob du alles richtig verstanden hast, kannst du deine Tabelle mit unserer Excel-Tabelle und mit unserem PowerPoint-Diagramm vergleichen.

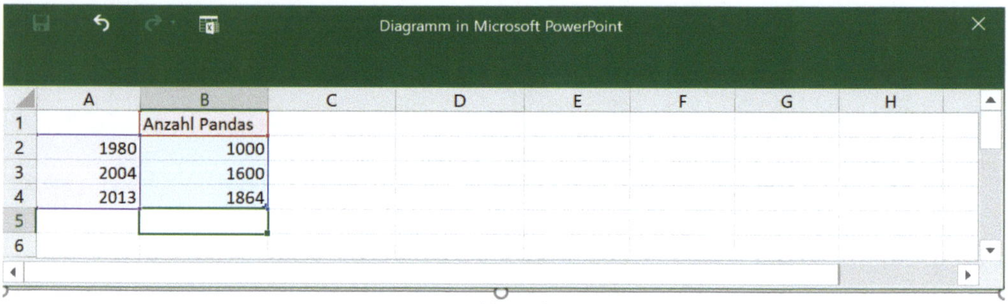

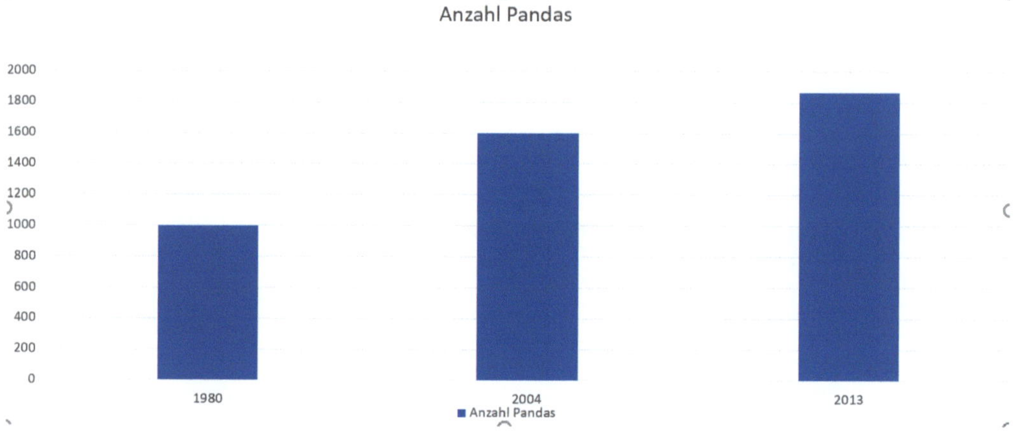

Dass das Diagramm automatisch aus der Tabelle mit Zahlen erstellt wird, ist eine große Erleichterung. Stell dir vor, du müsstest dir selbst überlegen, wie groß die Abstände der Zahlen auf der y-Achse (auf der senkrechten Achse) sein sollten. Ist es nicht super, dass es Informatikerinnen und Informatiker gibt, die sich Programme ausdenken, die solche Arbeiten für uns übernehmen?!

Wir haben die Anzahl von Pandas mit Säulen dargestellt. Es gibt noch viele andere Arten von Diagrammen, die du vielleicht schon in der Schule kennengelernt hast. PowerPoint bietet dir viele verschiedene Diagrammvorlagen an – aber Achtung: Nicht jede Art von Diagramm passt zu jeder Art von Information.

***Aufgabe 2:** Warum ist für die Anzahl der Pandas in den verschiedenen Jahren ein Tortendiagramm keine sinnvolle Darstellung? Welche Information über Pandas könnte man gut in einem Tortendiagramm darstellen?*

Wenn du nicht weißt, was ein Tortendiagramm ist, kannst du dein Panda-Diagramm anklicken und auf der Registerkarte Entwurf die Auswahlmöglichkeit Diagrammtyp ändern anklicken. PowerPoint bezeichnet das Tortendiagramm als Kreis.

SmartArts

Diagramme und Schaubilder, mit denen man Beziehungen zwischen Begriffen veranschaulicht, heißen in PowerPoint »SmartArts«. Häufiger Bestandteil von SmartArts sind Kästen und Pfeile.

Ein Beispiel für ein SmartArt ist das *Baumdiagramm*. In unserer Präsentation wollen wir ein Baumdiagramm nutzen, um zu zeigen, wie der Panda mit anderen Bären verwandt ist. Du kannst Baumdiagramme aber auch verwenden, um Abläufe oder Entscheidungen darzustellen (man spricht dann von einem *Entscheidungsbaum*) oder um Ideen zu strukturieren und zu ordnen (das nennt man dann *Mindmap*).

SmartArt erstellen

1 **Klicke auf die Folie, auf der dein Diagramm nachher erscheinen soll.**

Bei uns ist es die Folie 4.

2 **Wähle in der Menüleiste das Register Einfügen.**

3 **Klicke auf SmartArt.**

Es öffnet sich ein neues Fenster.

4 **Klicke auf die Darstellungsart, die am besten zu deinen Informationen passt.**

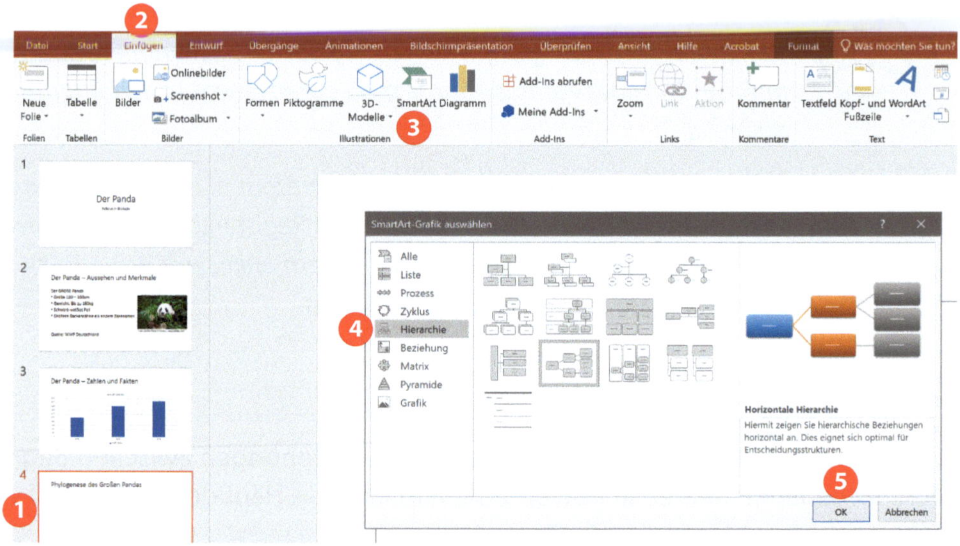

Wir haben uns in der Rubrik Hierarchie für die SmartArt-Grafik Horizontale Hierarchie entschieden.

5 Klicke auf OK.

Die Diagrammvorlage wird auf deiner Folie erstellt und kann im Folgenden von dir verändert und angepasst werden.

Zunächst solltest du das Diagramm mit deinen Informationen füllen. In unserem Diagramm haben wir das schon einmal gemacht. Wenn du noch keine Informationen eingefügt hast, steht stattdessen der Platzhalter [Text] drin.

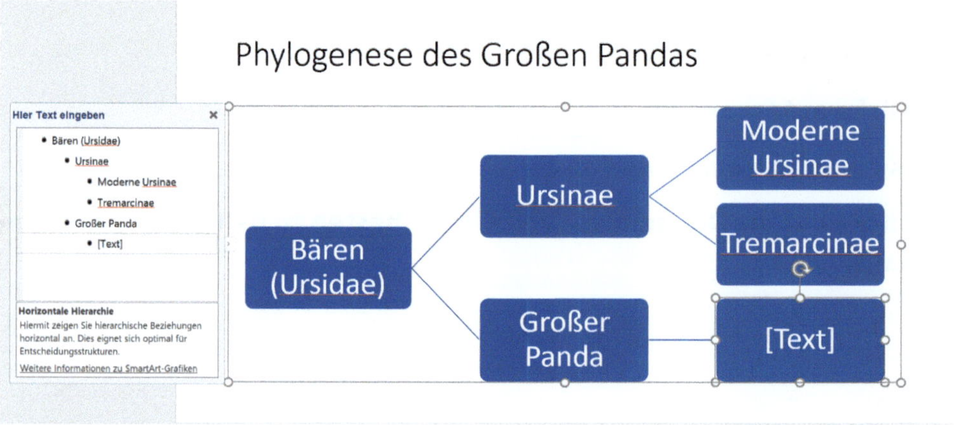

Felder im SmartArt hinzufügen

Vielleicht stößt du beim Beschriften der einzelnen Felder auf dasselbe Problem wie wir: Es sind weniger Felder vorhanden, als du brauchst. Das ist aber kein Problem. Wir zeigen dir nun, wie du weitere Felder hinzufügen kannst.

1. **Klicke auf das Feld, neben dem ein neues Kästchen entstehen soll.**

   Das neue Feld kann über oder unter dem angeklickten Feld, links oder rechts davon entstehen.

2. **Mache einen Rechtsklick mit der Maus. In dem Menü, das sich nun öffnet, wählst du Form hinzufügen.**

   Nun öffnet sich wieder ein Menü.

3. **Wähle aus, wo genau das neue Feld erstellt werden soll.**

   Wir haben Form darunter hinzufügen ausgewählt.

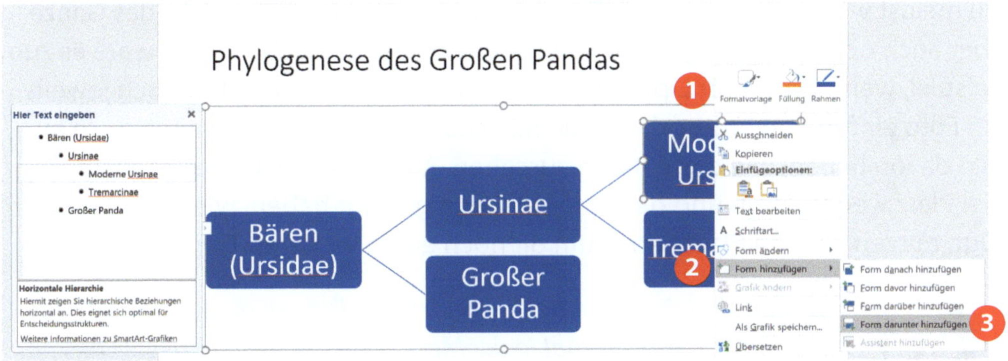

Willst du dein fertiges SmartArt mit unserem vergleichen?

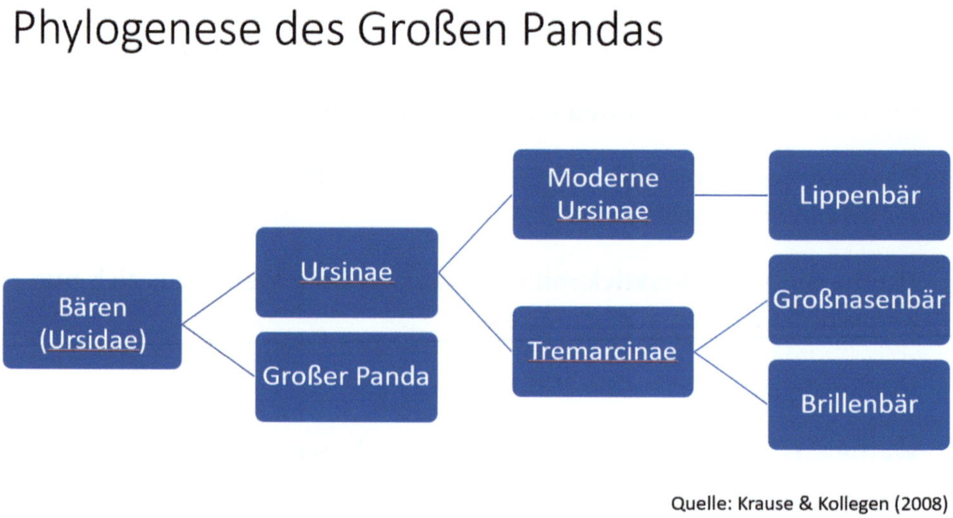

Du meinst vielleicht, dass unser Diagramm zwar informativ ist, man das Ganze aber auch noch schöner gestalten könnte? Da hast du Recht! Schön wäre es zum Beispiel, wenn wir hinter Lippenbär, Großnasenbär und Brillenbär noch jeweils ein Foto einfügen würden, damit die Mitschüler und Mitschülerinnen auch ein Bild davon haben, wie diese Bären aussehen. Aber das würde hier im Buch zu viel Platz wegnehmen und da wir dir ja schon gezeigt haben, wie man Bilder einfügt, nutzen wir den Platz lieber, um dir noch einen weiteren Tipp zu geben:

Vielleicht sind dir, als du das SmartArt erstellt hast, die zusätzlichen Register Entwurf *und* Format *in der Menüleiste oben aufgefallen. Egal, ob du ein Bild, eine Tabelle, ein Diagramm oder ein SmartArt einfügst, es öffnen sich automatisch besondere Register, mit denen du dein Objekt noch weiter bearbeiten und verändern kannst. Das Prinzip ist immer gleich, nur die Schaltflächen ändern sich je nach Objekt. Sei mutig und probiere verschiedene Schaltflächen aus, um zu sehen, was passiert. Wenn dir etwas nicht gefällt, kannst du es wieder löschen oder mit dem Rückgängig-Pfeil ungeschehen machen. Du findest den Pfeil ganz oben links im PowerPoint-Fenster.*

Vom Pixel zum Bild

Egal ob du ein Bild, eine Tabelle, ein Diagramm oder Textfelder in deine Präsentation einfügst: Auf dem Bildschirm besteht alles aus Pixeln. Ein Pixel ist ein sogenannter Bildpunkt, den du dir als winzig kleines Quadrat vorstellen kannst, dem eine Farbe zugeordnet ist. Gäbe es nur Schwarz und Weiß, könnte man jedem Pixel also den Wert 0 oder 1 zuweisen.

Aufgabe 3: *Wie viele Pixel braucht man für ein Bild, das 20 Pixel breit und 10 Pixel hoch ist?*

Allgemein gilt: Je mehr Pixel verwendet werden, desto schärfer ist die Darstellung des Motivs. Wir haben das Panda-Bild mit einer Lupe vergrößert, damit man die Pixel besser sehen kann.

Aufgabe 4: *Was meinst du: Aus wie vielen Pixeln besteht ein Bild, das mit einer einfachen Digitalkamera aufgenommen wurde?*

Vielleicht kennst du noch alte Computerspiele mit verpixelter Grafik? Auf den damaligen Bildschirmen gab es nur sehr wenige Pixel. Die einzelnen Pixel waren also sehr groß. Die Figuren wirkten dadurch sehr kantig und Landschaften konnten nur schematisch und nicht sehr detailreich dargestellt werden.

Kapitel 4
In Bewegung

I like to move it, move it. Deine Präsentation ist mit Texten, Bildern und Tabellen gefüllt. Wunderbar, dann kann das Referat ja starten. Halt, Moment, wir haben dir noch nicht gezeigt, wie deine Präsentation noch ein bisschen dynamischer wird! Das wollen wir in diesem Kapitel tun.

Animationen ermöglichen es dir, die Inhalte deiner Folien nicht alle auf einmal zeigen zu müssen, sondern dann, wenn du über sie erzählst. Da du ja nicht alles auf deine Folien schreibst, sondern nur die wichtigsten Punkte (Hinweise zur Textmenge geben wir dir in Kapitel 2), kann es sein, dass manche Folie eine ganze Weile zu sehen ist, während du über sie sprichst. Dann ist es blöd, wenn deine Mitschüler und Mitschülerinnen von Anfang an die gesamten Informationen auf deiner Folie sehen können – noch bevor du darauf eingehen kannst.

Texte animieren

Wenn du möchtest, dass erstmal nicht der komplette Text zu sehen ist, wenn du eine Folie zeigst, kannst du ihn animieren, das heißt, ihn zu einem bestimmten Zeitpunkt erscheinen (und, wenn du möchtest, auch wieder verschwinden) lassen.

1 Markiere den Text, den du animieren möchtest.

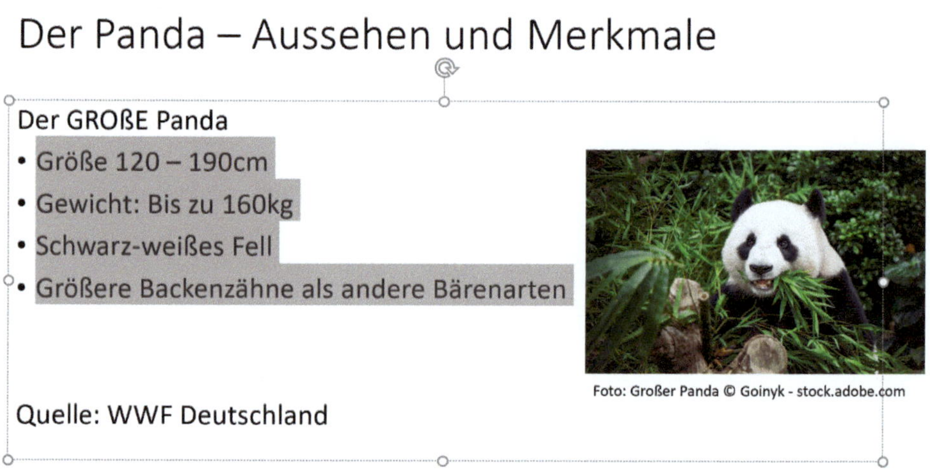

Panda: © Goinyk - stock.adobe.com

Du kannst auch ganze Textfelder animieren. Klicke dafür erst in das Textfeld, sodass der Rahmen erscheint, und klicke dann den Rahmen an.

2 Wähle die Registerkarte Animationen.

Es gibt viele verschiedene Animationsarten. Wir geben dir weiter hinten in diesem Kapitel einen Überblick.

3 Entscheide dich für eine Animation.

Neben dem Text, der animiert wurde, werden nun Ziffern angezeigt. Sie geben die Reihenfolge an, in der die Animation abläuft. In unserem Beispiel sind die Informationen über den Großen Panda mit einer 1 versehen. Das bedeutet, dass alle diese Informationen zum Zeitpunkt 1 (also als Erstes) gezeigt werden.

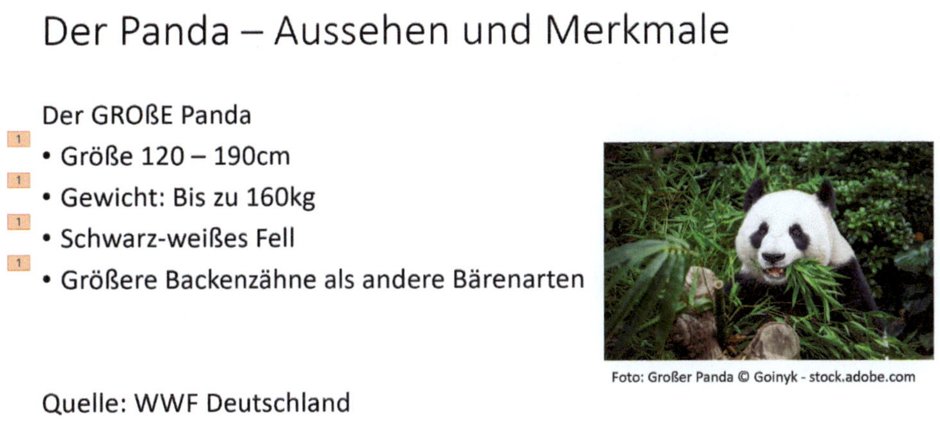

Panda: © Goinyk - stock.adobe.com

Bilder animieren

Das Animieren von Bildern funktioniert genauso wie das Animieren von Texten. Manchmal werden Bilder aber durch Textfelder überdeckt, sodass du, wenn du versuchst, sie anzuklicken, um sie auszuwählen, in das Textfeld gelangst. So ist es auch auf unserer Folie. Wir zeigen dir, wie du dieses kleine Problem löst.

Panda: © Goinyk - stock.adobe.com

1 **Klicke erst in das Textfeld, das stört, und anschließend auf den Rand des Textfeldes.**

2 **Klicke nun mit der rechten Maustaste.**

Es wird dir eine Menüleiste angezeigt.

3 **Wähle In den Hintergrund aus.**

Das Textfeld wird nun in den Hintergrund versetzt. Am Aussehen deiner Folie ändert das nichts.

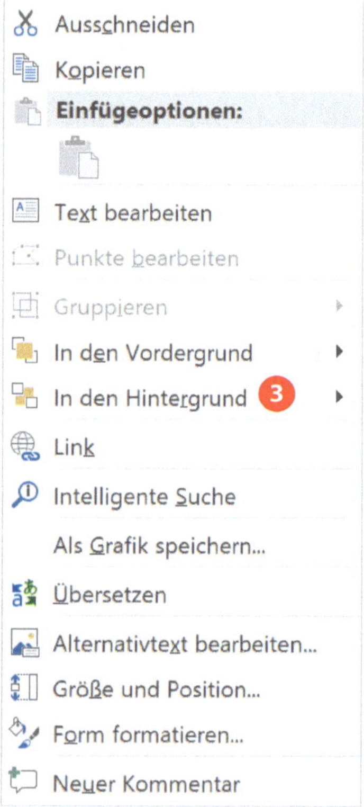

Nun solltest du deine Bilder anklicken können. Das Textfeld liegt nicht mehr wie ein durchsichtiges Blatt darüber.

Panda: © Goinyk - stock.adobe.com

Animationen sinnvoll einsetzen

Wenn wir einem Vortrag zuhören, der durch eine PowerPoint-Präsentation unterstützt wird, ist unsere Aufmerksamkeit geteilt zwischen dem, was die vortragende Person sagt, und dem, was auf der aktuellen Folie gezeigt wird. Wenn du im Vortrag sehr viele Informationen zu einer Folie mitteilen willst, solltest du die Aufmerksamkeit der Zuhörenden immer wieder auf den Bereich der Folie lenken, auf den sich dein Vortrag gerade bezieht. Das funktioniert zum Beispiel durch schrittweises Einblenden von Aufzählungspunkten (geeignete Animationen findest du bei den Eingangseffekten, siehe auch den Abschnitt »Verschiedene Animationsarten«). Allgemein weiß man aus der Psychologie, dass Veränderungen in der Umgebung die Aufmerksamkeit auf sich ziehen. Wird also eine neue Information sichtbar oder bewegt sich ein Bild oder ändert sich eine Farbe, so können wir gar nicht anders, als genau dahin zu schauen. Dies erklärt aber auch, warum du Animationen sparsam einsetzen solltest. Wenn sich alles bewegt und sich dauernd Farben ändern, hat unsere Wahrnehmung gar keine Chance mehr, die eine wichtige Information zu erkennen (vergleiche auch, was wir zum Thema Farben in Kapitel 1 im Abschnitt »Folien gestalten« geschrieben haben).

Verschiedene Animationsarten

Die Animationen, die dir in PowerPoint zur Verfügung stehen, können in drei Arten eingeteilt werden:

- Eingangseffekte: Diese kannst du nutzen, um Inhalte erscheinen zu lassen. Das heißt, wenn du einen Eingangseffekt beispielsweise auf einen Text anwendest, erscheint dieser erst, wenn du klickst, und ist vorher noch nicht auf deiner Folie zu sehen.
- Hervorhebungseffekte: Diese betonen deinen Inhalt. Das heißt zum Beispiel, dass ein Bild die Farbe wechselt oder sich bewegt.
- Ausgangseffekte: Diese eignen sich, wenn du Inhalte auf deiner Folie »verschwinden« lassen möchtest.

Du kannst deinem Inhalt auch mehrere Animationen zuweisen. Zum Beispiel kannst du einen Text erst mit einem Eingangseffekt erscheinen lassen, dann mit einem Hervorhebungseffekt betonen und ihn dann anschließend mit einem Ausgangseffekt wieder verschwinden lassen.

Folien animieren

Du kannst in deiner Präsentation nicht nur Bilder und Textfelder animieren, sondern sogar ganze Folien. Diese Möglichkeit wird zwar sehr selten verwendet, wir wollen dir aber trotzdem zeigen, wie es geht.

1 Wähle die Registerkarte Übergänge aus.

Du siehst, dass diese Registrierkarte so ähnlich aufgebaut ist wie die Registerkarte Animationen.

2 **Wähle einen Übergang aus, indem du darauf klickst.**

3 **In der Gruppe Anzeigedauer kannst du weitere Einstellungen vornehmen.**

Zum Beispiel kannst du dafür sorgen, dass die nächste Folie nach einer gewissen Zeit automatisch eingeblendet wird oder erst dann, wenn du mit der Maus klickst.

Stop-Motion-Filme oder wie unser Gehirn Bewegung verarbeitet

Wenn wir in unsere Umgebung schauen, dann nehmen wir Bewegungen immer fließend wahr: Ein Hund läuft vorbei, eine Fahrradfahrerin kommt um die Kurve – das sehen wir nicht als Folge einzelner Bilder, sondern als stetige Veränderung der Positionen des Hundes oder des Radfahrers.

Wer aber einen Film dreht, der braucht nur 16 aneinandergereihte Bilder pro Sekunde, damit die Zuschauenden beim Betrachten des Films genau dieselbe fließende Wahrnehmung haben. Dies liegt daran, dass die Signale, die von den Augen ans Gehirn geschickt werden, bei sehr kurzen Zeitabständen miteinander verschmelzen.

Das kannst du dir zunutze machen, um ganz einfach selbst einen sogenannten Stop-Motion-Film zu drehen: Du nimmst einzelne Bilder auf oder malst einzelne Bilder und änderst von Bild zu Bild eine Sache – zum Beispiel fügst du einen Gegenstand hinzu. Die Bilder packst du nun auf einzelne Folien in PowerPoint und gibst für jede Folie in der Registerkarte Übergänge in der Gruppe Anzeigedauer im Feld Nach: die gewünschte Anzahl Sekunden ein – in diesem Fall eine sehr kleine Zahl, wie 0,05. Das Häkchen Bei Mausklick löschst du, indem du darauf klickst.

Das ist natürlich nur eine Spielerei. PowerPoint wurde nicht dafür gemacht, Filme zu erstellen. Dafür gibt es eigene, viel bessere Programme (ein kostenloses ist zum Beispiel AnimatorDV).

Kapitel 5
Generalprobe

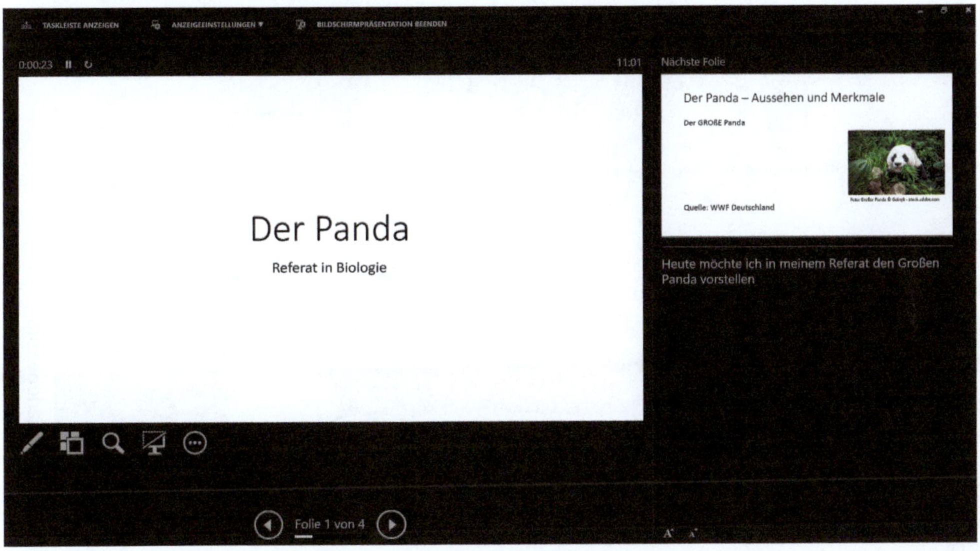

Panda: © Goinyk - stock.adobe.com

Vor dem großen Auftritt solltest du nochmal ausprobieren, ob alles funktioniert. Damit du nichts vergisst, haben wir in diesem Kapitel zusammengestellt, was du vor deinem Referat überprüfen und testen solltest. Dann kannst du sicher sein, dass am Tag des Vortrags alles klappt und dein »Auftritt« ein voller Erfolg wird.

Zeitmanagement und Vortragsweise

Ganz wichtig ist, dass deine Folien ohne Tipp- und Rechtschreibfehler sind, dass das Layout ansprechend ist und dass der Inhalt der Folien zu deinem mündlichen Vortrag passt und ihn unterstützt. Aber neben tollen Folien sind noch weitere Dinge wichtig:

» **Halte die Zeitvorgabe ein!** Wenn dein Vortrag zum Beispiel zehn Minuten lang sein soll, solltest du nicht schon nach fünf Minuten fertig sein, du solltest aber auch nicht einfach fünf Minuten überziehen. Wie lange du brauchst, kannst du bei der Vorbereitung gut abschätzen, wenn du den Vortrag laut zur Probe hältst und dabei die Zeit stoppst. Danach kannst du dir – wenn notwendig – überlegen, wo du noch etwas ergänzen oder was du weglassen kannst. Entsprechend musst du vielleicht Folien hinzufügen oder löschen.

Statt Folien zu löschen, kannst du sie auch hinter das Ende deines Vortrags verschieben. Vielleicht kannst du sie ja brauchen, wenn dir nach dem Vortrag eine Frage zum Thema der Folie gestellt wird.

» **Dein Vortrag sollte sowohl strukturiert als auch lebendig sein.** Eine gute Struktur hast du dir natürlich schon bei der Erstellung der Folien überlegt (vergleiche in Kapitel 1 den Abschnitt »Vorbereitungen: Von der Themenidee zum Referat zur Präsentation«). Die Struktur macht es den Zuhörenden leichter, deinen Gedankengang nachzuvollziehen. Die Struktur hilft aber auch dir selbst, den roten Faden nicht zu verlieren. Versuche, frei zu sprechen. Das gelingt umso besser, je genauer du den Ablauf der Inhalte »im Kopf« hast. Bei der Vorbereitung kannst du versuchen, dir für jede Folie einzuprägen, welche Informationen du weitergeben willst.

Wenn du denkst, dass du beim Vortrag selbst sehr aufgeregt sein wirst, kannst du, was du sagen willst, aber auch ausformulieren. In diesem Kapitel wirst du erfahren, wie du dir für den Vortrag eine Referentenansicht einrichtest, bei der du nicht nur die Folie, sondern auch Notizen siehst.

Das beste Mittel gegen Lampenfieber ist aber in jedem Fall, dass du dich gut vorbereitest. Außerdem hilft es, wenn du dir die Situation während des Vortrags schon beim Üben genau ausmalst: Wenn es geht, lass deine Eltern, Geschwister oder Freunde einmal die Lehrkraft und die Klasse spielen. Stelle dir den Raum vor, in dem du den Vortrag hältst, und probe damit »den Ernstfall«.

Referentenansicht einrichten

In PowerPoint gibt es zwei Ansichten, die für dich wichtig sind:

» die *Präsentationsansicht* (also das, was deine Mitschüler und Mitschülerinnen über den Beamer sehen) und

» die *Referentenansicht* (das, was du auf dem Bildschirm deines Laptops oder Computers siehst).

Alles, was wir hier vorstellen, lässt sich nur richtig testen, wenn dein Laptop an einen Beamer angeschlossen ist!

Wie kommt die Präsentation auf den Beamer?

Wenn du deine Präsentation fertiggestellt hast, möchtest du sie natürlich zeigen. Damit mehrere Personen gleichzeitig sie sehen können, zeigst du die Präsentation nicht an deinem Computermonitor, sondern typischerweise über einen Beamer. Dazu musst du den Beamer mit deinem Computer verbinden. Moderne Computer und Beamer verfügen über eine *HDMI-Schnittstelle* (das High Definition Multimedia Interface). Ältere Geräte haben dagegen nur einen *VGA-Anschluss* (Video Graphics Array).

Vielleicht benutzt du für dein Referat aber auch ein Gerät der Schule und bringst den Vortrag einfach auf einem USB-Stick mit. Dann ist es wichtig, vorher zu klären, ob deine Folien in einer Version von PowerPoint gespeichert sind, die sich mit der Version auf dem Schulcomputer verträgt. Sonst erlebst du beim Vortrag womöglich unangenehme Überraschungen: Bilder könnten fehlen oder Texte verrutscht sein.

Manchmal ist es deshalb sinnvoll, die Präsentation im PDF-Format zu exportieren (wie das geht, zeigen wir dir in Kapitel 6). *PDF* steht für (trans-)portables Dokumentenformat. PDF-Dateien sehen auf verschiedenen Computern immer gleich aus. Du erkennst eine PDF-Datei an ihrer Endung, die – genau, du wirst es schon vermuten – `.pdf` lautet. Damit du deine Präsentation im PDF-Format anzeigen lassen kannst, muss auf dem Schulcomputer ein PDF-Reader vorhanden sein – was aber eigentlich immer der Fall ist.

Aufgabe 1: *Überlege mal, was der Unterschied zwischen dem Speichern einer Datei und dem Exportieren einer Datei sein könnte.*

Im Folgenden wollen wir dir zeigen, wie du die Referentenansicht für deine Präsentation einrichtest.

1 Klicke auf die Registerkarte Bildschirmpräsentation.

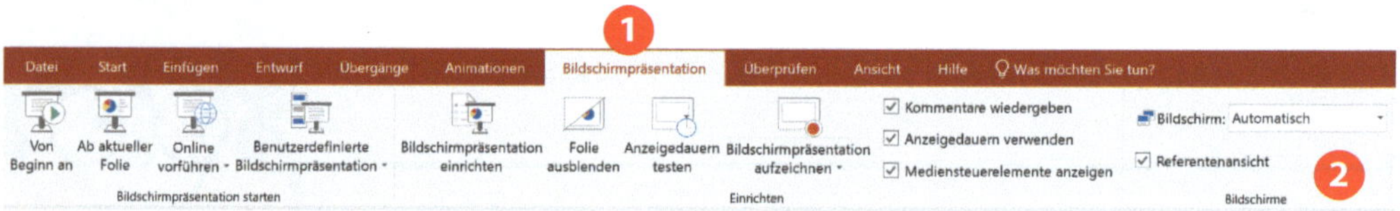

2 Aktiviere den Haken bei Referentenansicht.

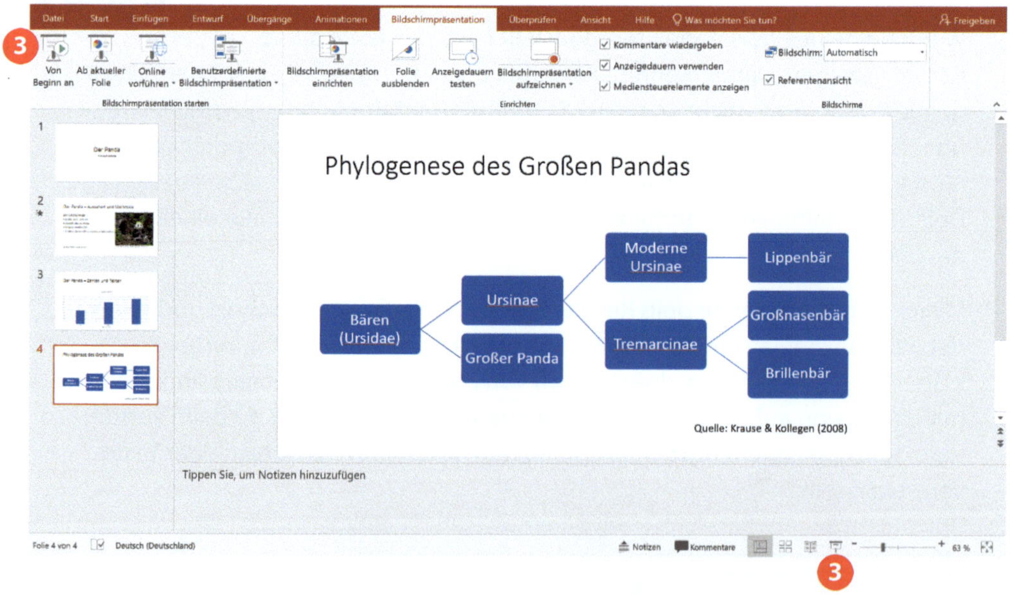

3 Klicke auf Von Beginn an.

Nun schaltet PowerPoint in den Referentenmodus um.

Du kannst auch auf das kleine Leinwandsymbol unten rechts im PowerPoint-Fenster klicken. Dann startet die Präsentation ab der Folie, auf der du dich gerade befindest.

Du hast den Beamer angeschlossen, die Referentenansicht in PowerPoint aktiviert und es wird trotzdem kein Bild angezeigt? Das kann daran liegen, dass dein Laptop noch nicht »weiß«, dass es nun einen weiteren Bildschirm (den Beamer) gibt. Dann musst du in der Systemsteuerung die Einstellungen für die Anzeige deines Laptops ändern.

Für die meisten Laptops gibt es eine Tastenkombination, mit der du den Beamer-Bildschirm schnell aktivieren kannst, sodass du nicht umständlich in der Systemsteuerung des Laptops nach den Anzeige-Einstellungen suchen musst. Die Tastenkombination ist häufig [Fn] + *eine der F-Tasten in der obersten Reihe deiner Tastatur (die Taste* [Fn] *findest du rechts neben der* [Strg]*-Taste). An unserem Laptop ist es* [Fn] + [F7]. *Oft ist auf der passenden F-Taste ein kleiner Bildschirm abgebildet.*

Die Referentenansicht zeigt auf der rechten Seite deine Notizen, links siehst du die aktuelle Folie, die gerade auf dem Beamer zu sehen ist. Mit den Pfeiltasten auf deiner Tastatur oder mit den Pfeiltasten in der Referentenansicht kannst du dich in deiner Präsentation vor und zurück bewegen. Mit den Zoom-Tasten [A] unter deinen Notizen kannst du die Schriftgröße deiner Notizen vergrößern, um sie besser lesen zu können.

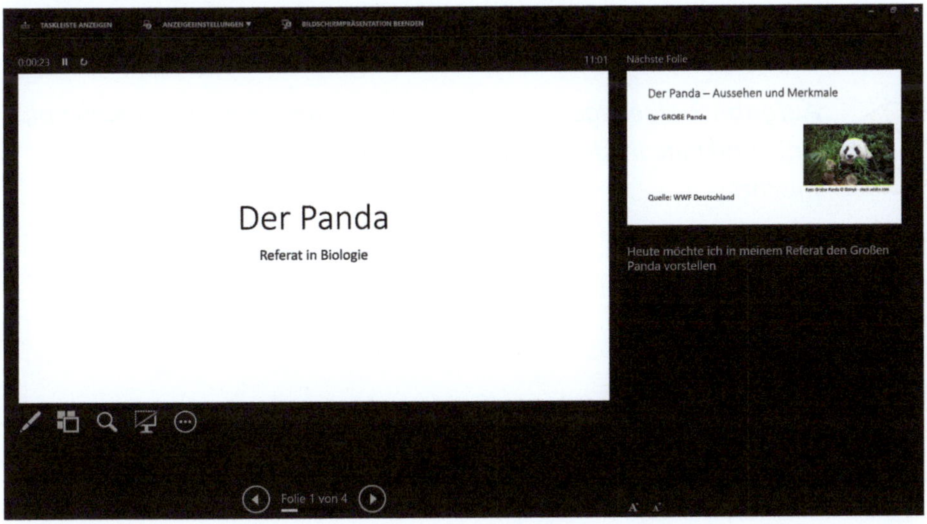

Panda: © Goinyk - stock.adobe.com

Huch, du hast vergessen, die Referentenansicht einzurichten, bevor du die Präsentation gestartet hast und nun siehst du die normale Präsentationsansicht? Kein Problem!

1. **Mache einen Rechtsklick irgendwo auf deiner Folie und du siehst ein Menü aufploppen.**
2. **Klicke auf Referentenansicht.**

   Nun schaltet PowerPoint in den Referentenmodus um.

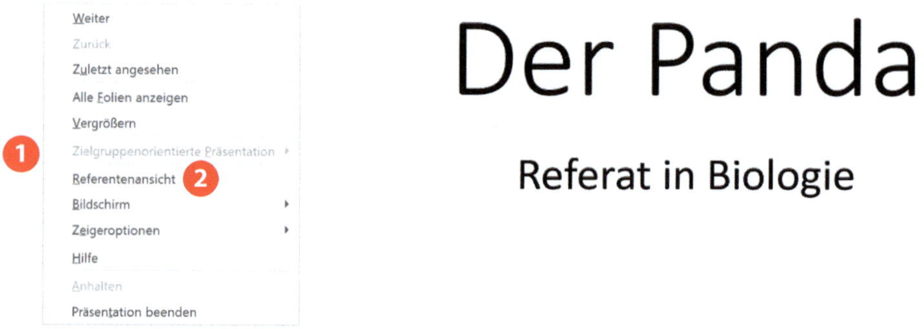

***Aufgabe 2:** Überlege mal, welche Farbe man erhält, wenn man Rot, Grün und Blau in gleicher Menge und gleicher Intensität additiv mischt?*

Herstellung und Darstellung von Farben

Vielleicht hast du in der Schule schon gelernt, wie man Farben mischen kann, damit neue Farben entstehen? Zum Beispiel ergibt das Zusammenmischen gelber und blauer Farbpasten einen Grünton. Wenn du ganz viele Farben übereinander malst, kommt am Ende Schwarz heraus.

Das kommt daher, dass die Farbstoffe bestimmte Lichtanteile »schlucken« und nur das gelbe oder blaue Licht ins Auge weiterschicken. Je mehr Farbstoffe übereinanderliegen, desto mehr Lichtanteile werden »geschluckt«. Deshalb wird die Farbmischung beim Malen auch *subtraktive Farbmischung* genannt. (Das Wort »subtrahieren« bedeutet so viel wie »wegnehmen«.)

Das menschliche Farbensehen im Auge funktioniert hingegen nach dem Prinzip der *additiven Farbmischung*. (Das Wort »addieren« bedeutet so viel wie »hinzufügen«.) Im Auge gibt es Sinneszellen für rotes, grünes und blaues Licht (RGB). Daraus werden alle anderen Farben zusammengesetzt. Werden die roten und grünen Sinneszellen gleichzeitig angeregt, meldet das Gehirn, dass es Gelb sieht.

Selbstleuchtende Geräte wie Farbmonitore, Beamer und Digitalkameras erzeugen Farben genau nach diesem additiven Prinzip der Lichtmischung. Es gibt rote, grüne und blaue Pixel. Man sagt, die Farbwiedergabe beruht auf dem RGB-Farbraum.

Als ob das nicht schon kompliziert genug wäre, hängt die Darstellung der Farben auf den Geräten aber auch noch von der Grafikkarte des Computers und auch vom Ausgabegerät selbst ab (zum Beispiel der maximalen Helligkeit, die ein Gerät erzielen kann). Es kann dir also passieren, dass eine Farbe auf deinem Bildschirm dunkelorange aussieht, auf dem Beamer dagegen gelblich.

Kapitel 6
Letzter Schliff

Du hast es nun fast geschafft. Hier noch unsere letzten Tipps für dich. Vielleicht möchtest du deine Notizen ausdrucken und eine Gliederung für deine Präsentation erstellen? Wir zeigen dir, wie es geht. Außerdem hatten wir ja schon in Kapitel 2 geschrieben, dass es gerade bei längeren Präsentationen sinnvoll ist, eine eigene Folie für die Quellenangaben vorzusehen und Seitenzahlen einzufügen.

Seitenzahlen einfügen

Zuerst zeigen wir dir, wie du Seitenzahlen einfügst, die unten in der Fußzeile jeder Folie angezeigt werden.

1 Klicke in der Menüleiste auf Einfügen.

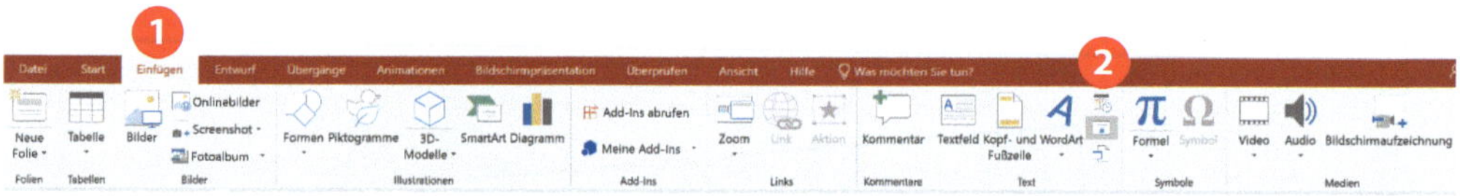

2 Klicke in der Gruppe Text die Schaltfläche Foliennummer einfügen an.

Es öffnet sich das Fenster Kopf- und Fußzeile, in dem du auswählen kannst, was auf deinen Folien eingefügt werden soll.

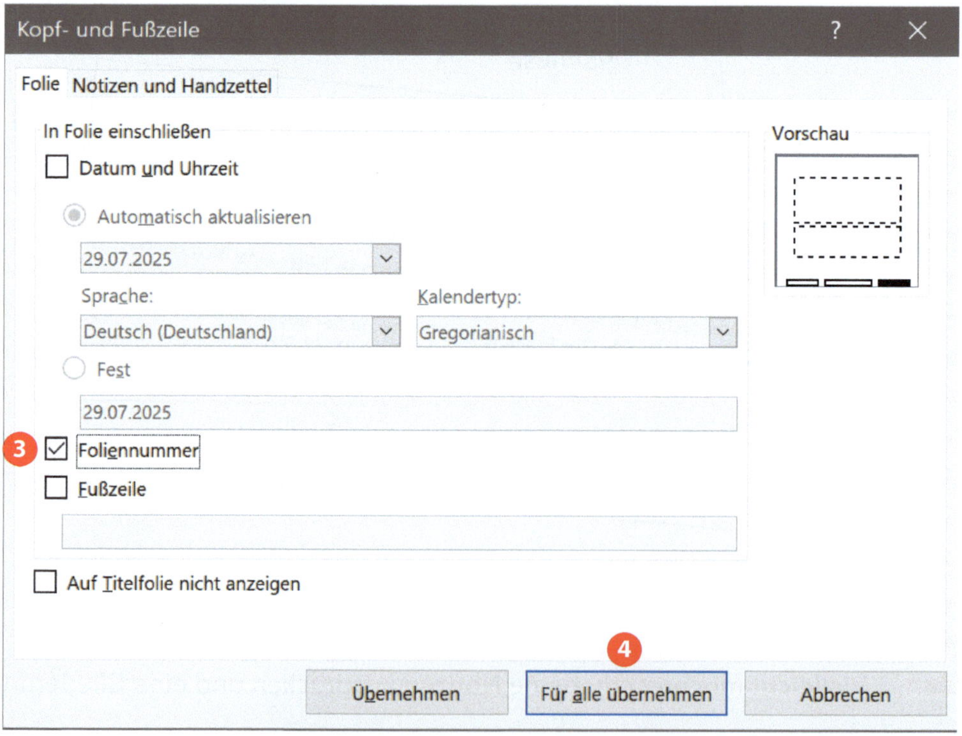

3 **Setze ein Häkchen bei Foliennummer, indem du auf das kleine Quadrat klickst.**

4 **Klicke auf Für alle übernehmen.**

Das bedeutet, dass die Nummerierung automatisch auf allen Folien (außer auf der Titelfolie) angebracht wird. Klickst du stattdessen auf Übernehmen, wird nur für die Folie, die du gerade ausgewählt hast, die Nummerierung eingefügt.

Gliederung und Quellenangaben

Folien für deine Gliederung und deine Quellen erstellst du wie alle anderen Folien auch (siehe Kapitel 1 und 2). Wir haben uns für eine sehr schlichte Gliederung entschieden. Damit du siehst, wie das bei uns aussieht, haben wir dir von beidem ein Bild gemacht.

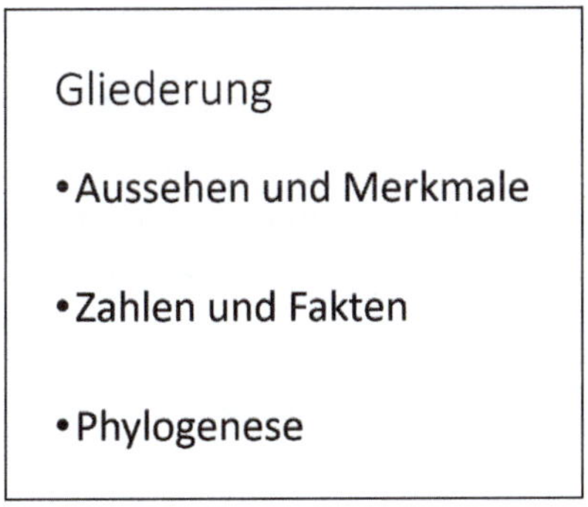

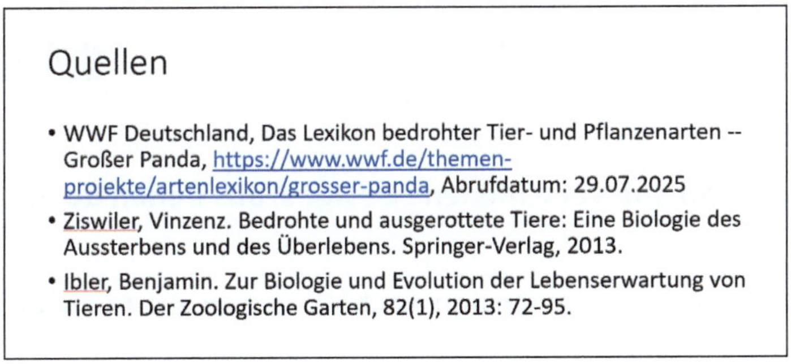

Die Präsentation weiterverarbeiten

PowerPoint ist wirklich ein sehr komfortables Programm. Über die Jahre sind immer neue Funktionen hinzugekommen. Da bleiben kaum noch Wünsche offen.

So kannst du deine ganz und gar fertige Präsentation auch noch weiterverarbeiten. Wir stellen dir drei Möglichkeiten vor, die gelegentlich sehr nützlich sind:

- » Du kannst die Folien drucken.
- » Du kannst die Folien als PDF-Dokument speichern.
- » Oder du kannst die Folien dem Schreibprogramm Word senden.

  Das könntest du zum Beispiel tun, wenn du noch weitere Notizen hinzufügen möchtest.

Foliendesign ändern

Wir finden, dass unsere Folien zwar die wichtigen Inhalte für unseren Vortrag haben, aber optisch noch sehr schlicht aussehen. Es gibt in PowerPoint viele vordefinierte Foliendesigns, aus denen du wählen kannst, um deine Folien zu gestalten. Oft ändert sich nicht nur der Hintergrund der Folie, sondern auch die Schriftart und -farbe deiner Texte.

1 **Klicke in der Menüleiste auf Entwurf.**

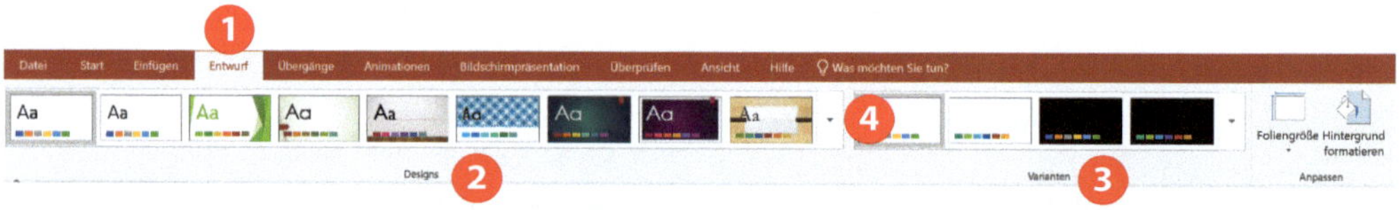

2 **Links siehst du nun verschiedene Designs, aus denen du auswählen kannst.**

3 **Rechts hast du für jedes Design noch Varianten zur Auswahl.**

Du kannst zum Beispiel auswählen, ob dein Folienhintergrund hell oder dunkel sein soll.

4 **Wenn du auf den Pfeil bei Designs klickst, siehst du alle Designs, aus denen du auswählen kannst.**

5 Wähle das Design, das dir am besten gefällt.

Du kannst einzelne Designs anklicken, dir anschauen, wie deine Folien damit aussehen und dann entscheiden, ob du das Design anwenden möchtest.

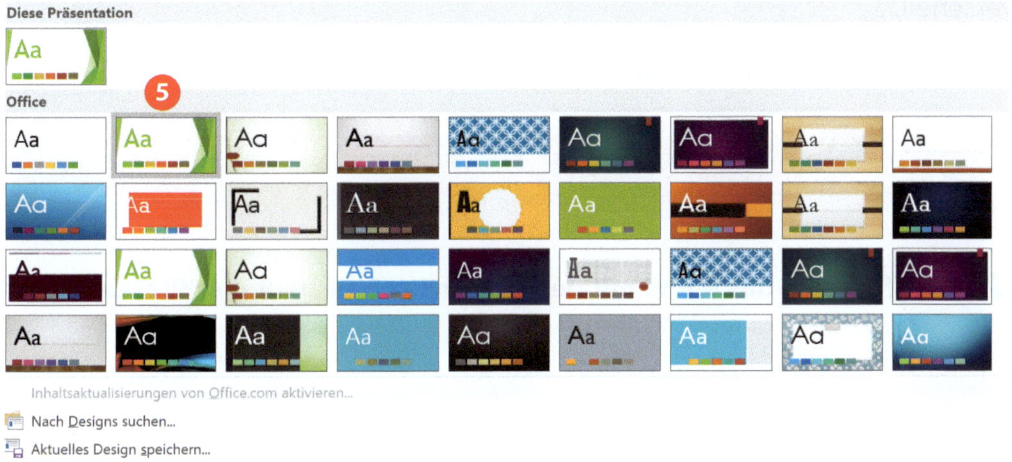

Wir haben uns für ein grünes Foliendesign entschieden, weil wir fanden, dass es zum Thema Pandas (die gerne Bambus fressen) gut passt.

Folien drucken

Manchmal möchtest du die Folien, die du in PowerPoint erstellt hast, vielleicht ausdrucken. Du möchtest sie vielleicht einem Freund zeigen, in der Klasse austeilen oder sie selbst noch mit handschriftlichen Notizen oder Hinweisen versehen.

1 Klicke in der Menüleiste auf Datei.

2 Es öffnet sich das Menü mit den Informationen zu deiner Präsentation.

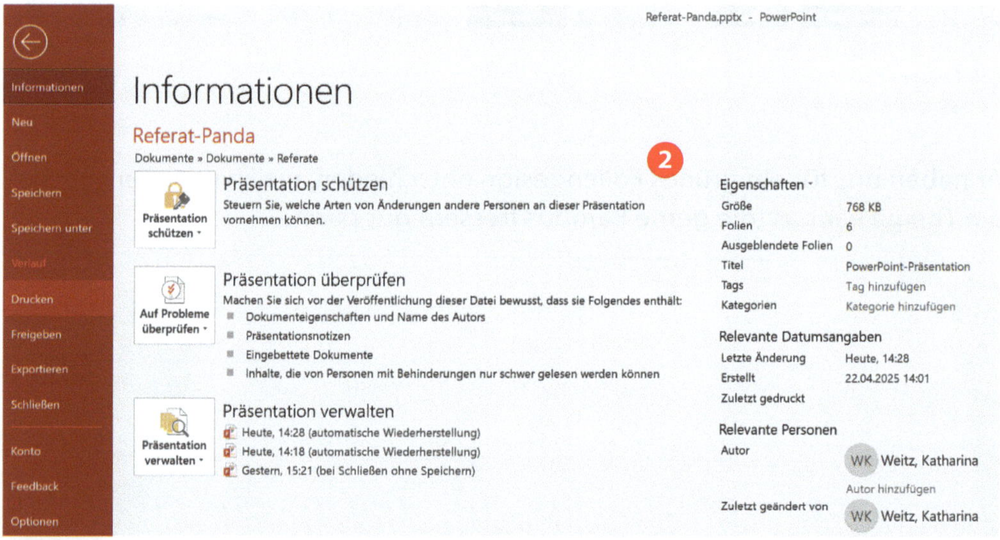

3 Klicke im linken Menü auf Drucken.

Es öffnet sich das Menü mit den Druckeinstellungen.

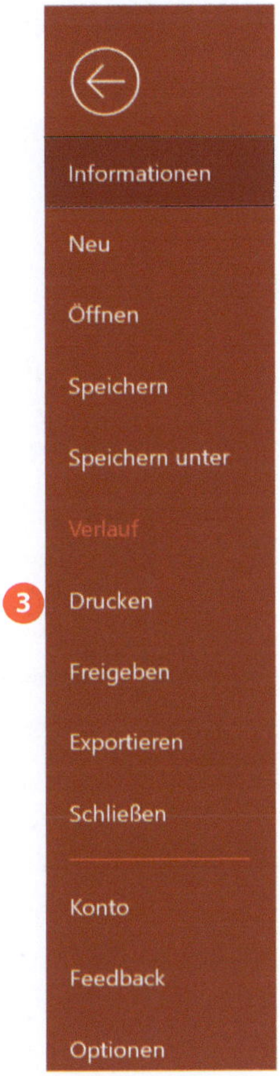

4 Klicke auf das kleine Dreieck neben Ganzseitige Folien.

Standardmäßig ist »Ganzseitige Folien« eingestellt. Das bedeutet, dass jede Folie deiner Präsentation auf einer eigenen DIN-A4-Seite ausgedruckt wird.

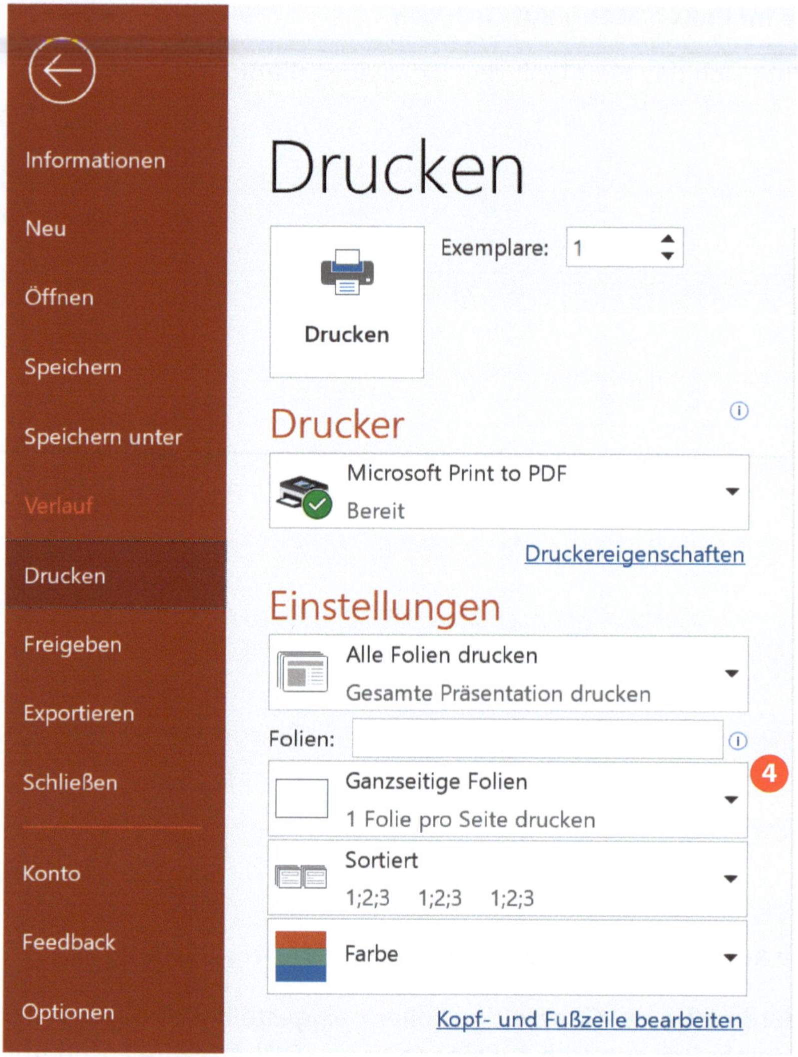

5 Klicke in der Gruppe Handzettel auf 3 Folien.

Rechts wird dir eine Vorschau angezeigt, wie die gedruckten Seiten aussehen werden. Wenn du 3 Folien auswählst, werden neben jede deiner Folien Linien für Notizen gedruckt. Du kannst natürlich auch eine andere Auswahl treffen.

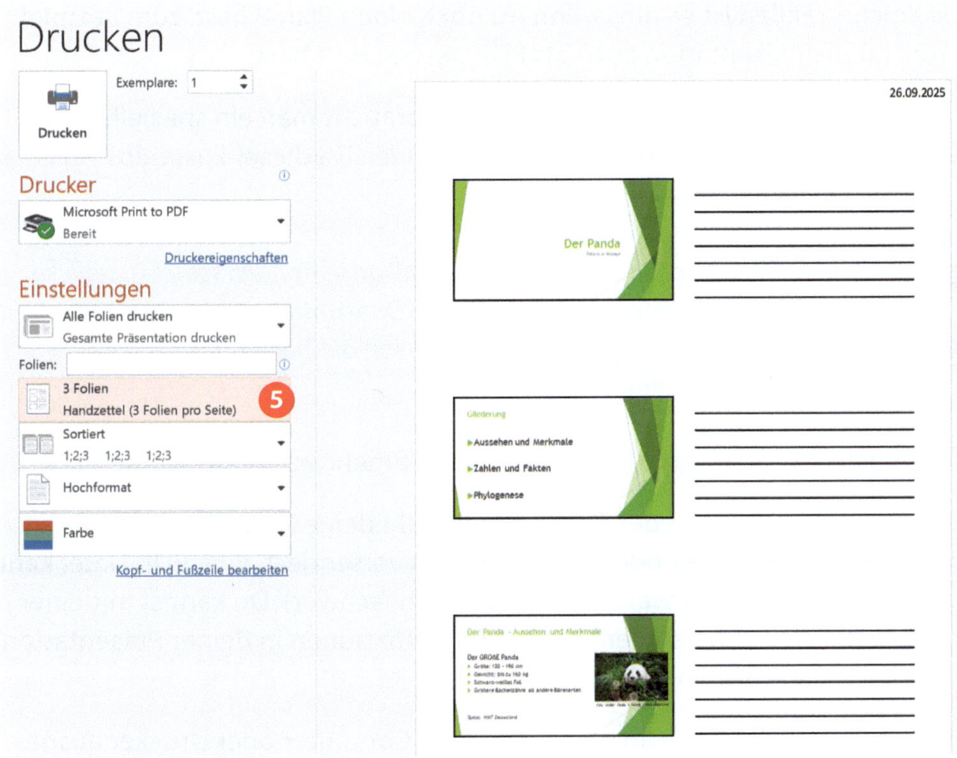

Panda: © Goinyk - stock.adobe.com

Präsentation als PDF speichern

Das Abspeichern deiner PowerPoint-Präsentation als PDF-Datei kann in bestimmten Situationen sinnvoll sein, zum Beispiel:

» Du möchtest deine Präsentation an einem Computer zeigen, auf dem das Programm PowerPoint nicht läuft.

  Um PowerPoint-Dateien öffnen zu können, braucht man das Programm PowerPoint. So weit, so logisch. Aber was ist, wenn PowerPoint auf dem Rechner nicht richtig funktioniert oder gar nicht installiert ist? Schließlich muss man für das Programm PowerPoint bezahlen. Außerdem gibt es auch Rechner mit dem Betriebssystem Linux. Auf denen läuft PowerPoint nur, wenn man vorher einige Einstellungen vorgenommen hat.

In solchen Fällen ist es gut, wenn du noch einen Plan B hast, zum Beispiel weil du die Präsentation auch als PDF gespeichert hast.

Auch um PDF-Dateien öffnen zu können, braucht man ein spezielles Programm, beispielsweise den *Acrobat Reader*. Da dieser kostenlos ist, ist er aber viel verbreiteter als PowerPoint.

Wenn du deine Präsentation per E-Mail an jemanden schickst, schicke die Präsentation immer auch als PDF-Datei mit. Dann kannst du einigermaßen sicher sein, dass die Person die Datei auf jeden Fall öffnen und anschauen kann.

» Du möchtest, dass deine Präsentation nicht mehr verändert werden kann.

Das kann zum Beispiel der Fall sein, wenn du deine Präsentation an Freunde oder deinen Lehrer oder deine Lehrerin versendest. Eine PDF-Datei kann nicht mehr verändert werden (oder nur sehr schwer). Du kannst mit einer PDF-Datei also sicherstellen, dass die Informationen in deiner Präsentation so bleiben, wie sie sind.

» Deine Präsentation soll an einem fremden Computer oder Drucker ausgedruckt werden.

In Kapitel 8 zeigen wir dir, wie du mit PowerPoint ein Poster gestaltest. Ein großes Poster werden die meisten von euch aber nicht am Drucker zu Hause ausdrucken können. Das musst du dann einem Profi überlassen.

Nun hat jedes Gerät aber seine eigenen Einstellungen. Da kann es passieren, dass der Drucker die Schrift oder Bilder verzieht. Um das zu vermeiden, speicherst du deine Präsentation als PDF. Weil PDF-Dokumente nicht mehr verändert werden können (auch nicht durch den Drucker), wird alles so ausgedruckt, wie du es erwartest.

Und nun zeigen wir, wie du deine Präsentation als PDF-Datei abspeicherst.

1 Klicke in der Menüleiste auf Datei.

2 Klicke auf Exportieren.

3 Wähle PDF/XPS-Dokument erstellen aus.

In der rechten Spalte werden dir noch einmal die Vorteile des PDF-Formats erklärt (ähnlich, wie wir es dir erklärt haben).

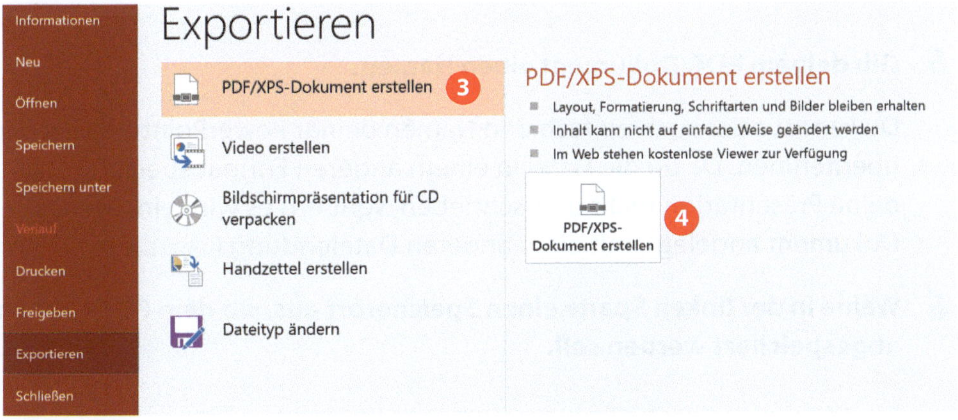

4 **Klicke rechts auf PDF/XPS-Dokument erstellen.**

Wieder öffnet sich ein neues Fenster. Das kommt dir vielleicht aus Kapitel 1 bekannt vor, als du deine PowerPoint-Präsentation zum ersten Mal gespeichert hast. Das Fenster hier sieht wirklich genauso aus, nur dass du diesmal die Datei mit der Endung `.pdf` speicherst statt mit `.pptx`.

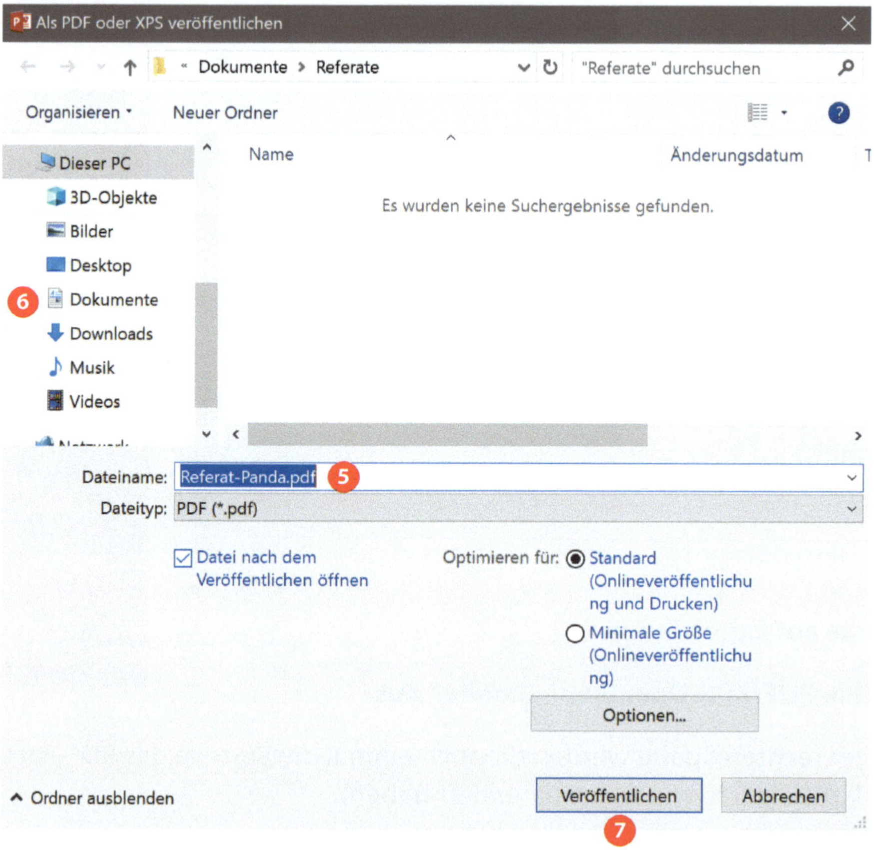

5 **Gib deinem PDF-Dokument einen Namen.**

Du kannst aber auch einfach den Namen deiner PowerPoint-Präsentation übernehmen. Da du die Datei in einem anderen Format speicherst, wird deine Präsentation nicht überschrieben, sondern es wird ein zweites Dokument angelegt, mit einer anderen Dateiendung (`.pdf`).

6 **Wähle in der linken Spalte einen Speicherort aus, wo dein PDF-Dokument abgespeichert werden soll.**

7 Klicke auf Veröffentlichen.

Jetzt gibt es zu deiner Präsentation zwei Dateien: eine PowerPoint-Datei und eine PDF-Datei. Jede Datei hat ein anderes Dateisymbol.

Referat-Panda.pdf

Referat-Panda.pptx

Manchmal gibt es die Auswahlmöglichkeit Als Adobe PDF speichern. Vielleicht wunderst du dich, dass du diese Auswahlmöglichkeit hast. Das liegt daran, dass dies ein sogenanntes Add-In ist. Add-Ins sind kleine Programme oder Funktionen, die sich zusätzlich in ein Programm integrieren lassen. Da aber nicht jede Person das Add-In hat, haben wir dir die übliche Methode für das Speichern von PDFs gezeigt, für die nichts extra installiert werden muss.

Folien an Word senden

Du möchtest noch Notizen am Computer hinzufügen, statt sie handschriftlich auf die ausgedruckten Folien zu schreiben? Kein Problem, PowerPoint ist mit dem Schreibprogramm Word verknüpft, das heißt, du kannst deine Folien auch in eine Word-Datei einfügen. Wie das geht, zeigen wir dir jetzt.

1 Klicke in der Menüleiste auf Datei.

Diesen Schritt kennst du schon vom Drucken und vom Erstellen eines PDF-Dokuments.

2 Klicke auf Exportieren.

Auch diesen Schritt kennst du vom Erstellen eines PDF-Dokuments.

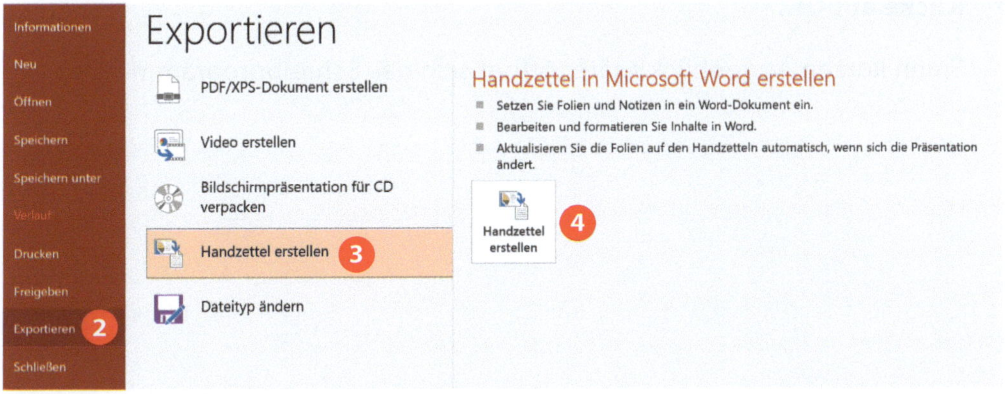

3 Wähle Handzettel erstellen aus.

Rechts öffnet sich wieder ein Feld mit Informationen zu der Auswahl, die du getroffen hast.

4 Klicke auf Handzettel erstellen.

Es öffnet sich ein neues Fenster, in dem du festlegen kannst, wie die Word-Seiten aussehen sollen. Die erste Auswahlmöglichkeit Notizen neben den Folien erzeugt Seiten, die so ähnlich aussehen wie die gedruckten Seiten mit »3 Folien«, nur dass hier die Notizen, die im Notizfeld stehen, automatisch eingefügt werden.

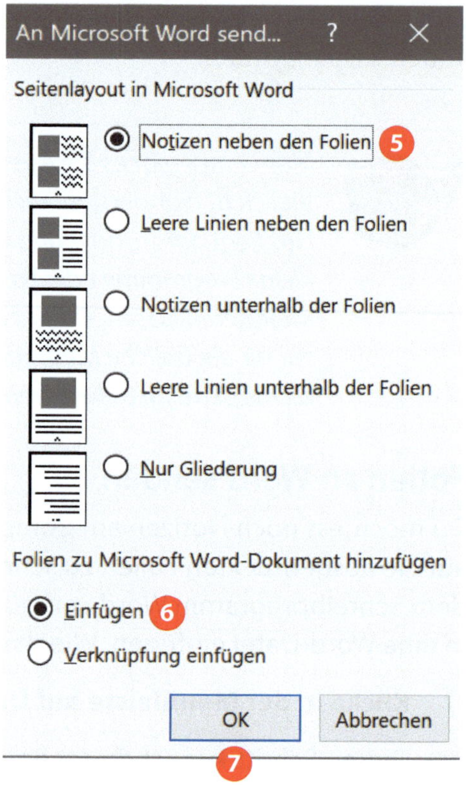

5 Klicke auf Notizen neben den Folien.

6 Klicke auf Einfügen.

7 Klicke auf OK.

Einen kurzen Augenblick später öffnet sich das Schreibprogramm Word.

Texteditor versus Textverarbeitung

Auf deinem Computer findest du mindestens ein Programm, mit dem du Texte schreiben, anschauen und drucken kannst. Solche einfachen Texterfassungsprogramme heißen auch Texteditoren – vom englischen »to edit«, was »aufbereiten» und »bearbeiten« bedeutet. Üblicherweise werden Texte in solchen Editoren im reinen ASCII-Format gespeichert (siehe Kasten »A = 65: Wie aus Buchstaben Zahlen werden« in Kapitel 2).

Im Unterschied zu Texterfassungsprogrammen ermöglichen Textverarbeitungsprogramme dagegen viele verschiedene Formatierungen und bieten meist noch weitere nützliche Funktionen an, wie eine Rechtschreibprüfung oder das Einfügen von Bildern. Weil ein Textverarbeitungsprogramm so viele komplizierte Informationen über das Aussehen des Textes in die Textdateien speichert, kann der Text auch nur mit dem Programm, in dem der Text erstellt wurde, und »verwandten« Programmen geöffnet werden. Es ist nicht möglich, eine Datei, die mit einem Textverarbeitungsprogramm wie Word oder mit PowerPoint erstellt wurde, in einem einfachen Texteditor zu öffnen.

Die meist dreibuchstabigen Kürzel hinter dem Punkt eines Dateinamens zeigen dir typischerweise an, ob es sich um eine Datei handelt, die nur in einem bestimmten Programm zu öffnen ist. Eine Word-Datei wird beim Abspeichern automatisch mit *.doc*, eine PowerPoint-Datei mit *.ppt* gekennzeichnet. Häufig wird noch ein x am Ende ergänzt (*.docx*, *.pptx*). Das x zeigt an, dass die Datei in einem Format gespeichert wird, das den Austausch zwischen verschiedenen Systemen erleichtert.

Neben Texterfassungs- und Textverarbeitungsprogrammen gibt es auch noch das Textsatzprogramm LaTeX, das nochmal nach einem ganz anderen Prinzip funktioniert. Eine LaTeX-Textdatei kann zunächst in einem beliebigen Texteditor geschrieben werden. Formatierungsanweisungen werden direkt in die Textdatei geschrieben – allerdings in einer Art Geheimsprache. Zum Beispiel meint `\textbf{Text}`, dass der Text, der in den geschweiften Klammern steht, im gedruckten Text fett erscheint. Textverarbeitung mit LaTeX ist ein bisschen wie das Schreiben von Computerprogrammen.

In Word arbeiten

Wenn du die Schritte von »Folien an Word senden« der Reihe nach ausgeführt hast, öffnet sich das Word-Programm auf deinem Computer. Du siehst auf der linken Seite deine Folien und auf der rechten deine Notizen.

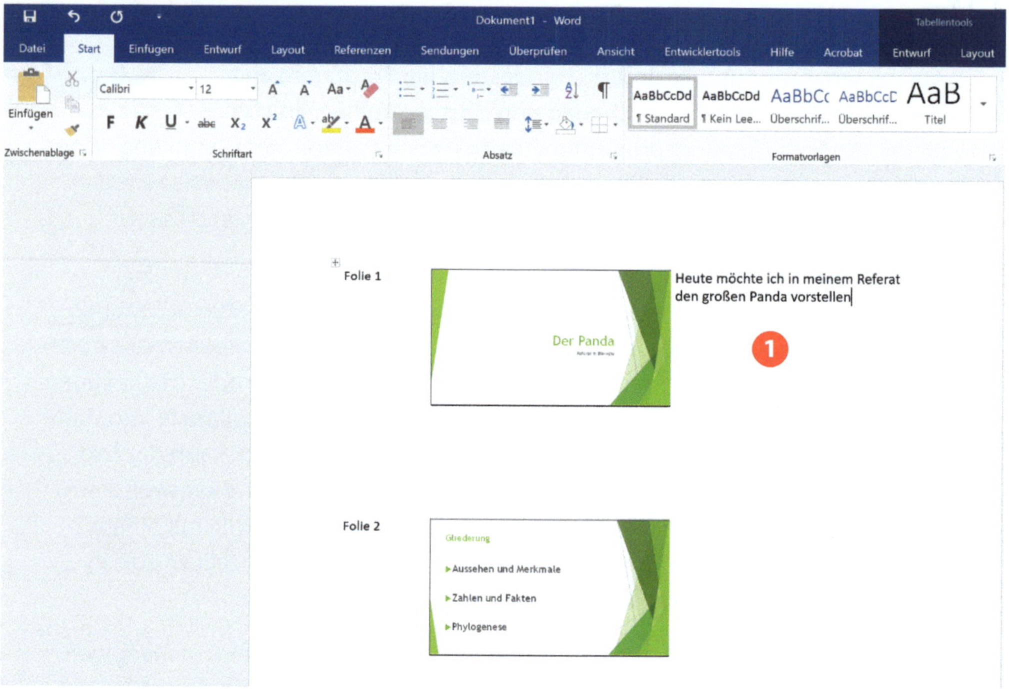

1 Klicke in die Notizen.

Es erscheint ein blinkender Cursor. Du kannst nun deine Notizen ergänzen oder etwas löschen.

Du änderst jetzt nur die Notiz in deinem Word-Dokument. Die Notiz in der PowerPoint-Datei bleibt auf dem alten Stand.

Vergiss nicht, das Word-Dokument zu speichern! Es funktioniert genau wie das Speichern von PowerPoint-Dateien. Wenn du dir nicht mehr sicher bist, wie das war, schaue in Kapitel 1 nach. Ein kleiner Tipp: Klicke in der Menüleiste auf Datei *…*

Du hast das Word-Programm geöffnet. Fällt dir etwas auf? Es sieht PowerPoint ziemlich ähnlich. Manche Registerkarten gibt es sogar in beiden Programmen. Das macht dir die Sache leicht, weil du die wichtigsten Funktionen wie das Speichern deines Dokuments oder das Verändern des Textes in Word an denselben Stellen findest wie in PowerPoint.

Was haben Präsentationsprogramme und Textverarbeitungsprogramme gemeinsam?

Sowohl Textverarbeitungsprogramme als auch Präsentationsprogramme bieten die Möglichkeit, Texte, Bilder und andere Inhalte auf Seiten anzuordnen. Textverarbeitungsprogramme sind dabei – wie der Name schon sagt – eher für lange Texte ausgelegt. In Präsentationen kommt es noch ein bisschen mehr auf das gute Aussehen an.

Die meisten Anbieter von Textverarbeitungsprogrammen bieten auch Präsentationsprogramme an und umgekehrt. Zum Beispiel sind Word und PowerPoint von der Firma Microsoft. Das Textverarbeitungsprogramm aus dem kostenlosen Softwarepaket LibreOffice heißt *Writer*, mit *Impress* von LibreOffice kann man Präsentationen gestalten. Bei Google heißt das Textverarbeitungsprogramm *Docs*, das Präsentationsprogramm ganz schlicht *Präsentationen*.

Typischerweise nutzen Textverarbeitungs- und Präsentationsprogramme ähnliche Befehle. Falls du vor dem Arbeiten mit PowerPoint schon Texte mit Word geschrieben hattest, waren dir sicher schon viele Funktionsweisen und Befehle bekannt. Wenn du aber erst nach dem Arbeiten mit PowerPoint zum ersten Mal einen Text in Word schreiben willst, wird dir einiges – zum Beispiel das Formatieren von Textfeldern (siehe Kapitel 2) – bereits bekannt vorkommen. Das heißt, du hast nun Kenntnisse im Umgang mit einem Programm, die dir helfen, auch mit anderen Programmen zu arbeiten!

Kapitel 7
Copilot – Künstliche Intelligenz als Werkzeug

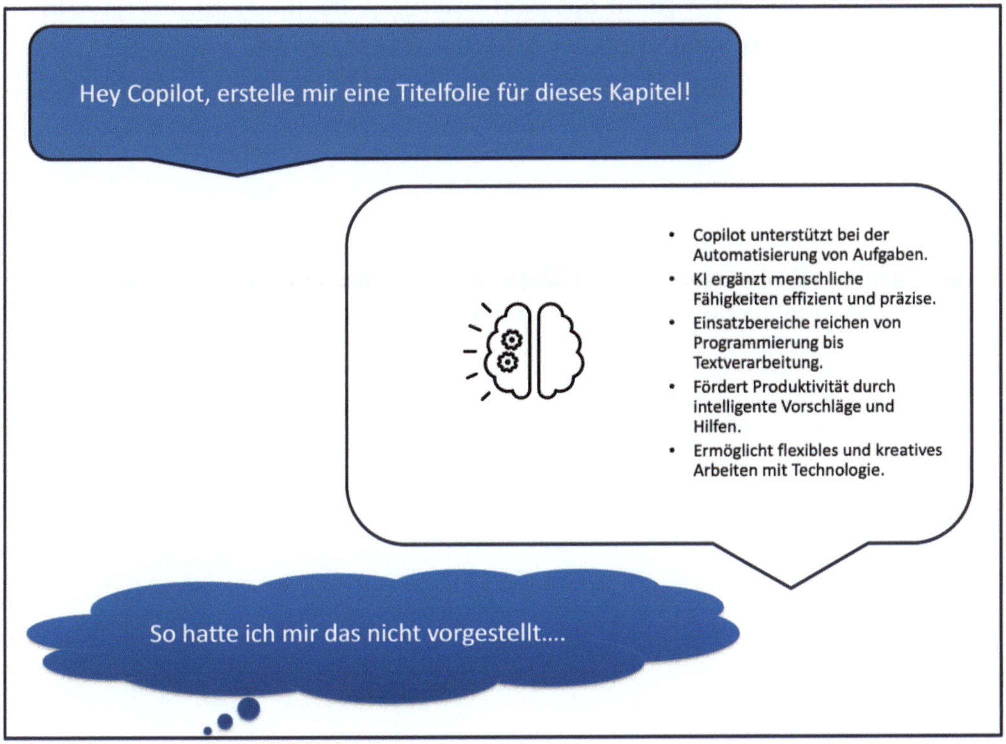

KI-Systeme helfen uns in vielen Bereichen unseres Alltags – wie wäre es, wenn diese Werkzeuge dir auch bei der Vorbereitung deines Referates helfen würden? Wir zeigen dir in diesem Kapitel, wie du Microsoft Copilot, das KI-System von Microsoft, nutzen kannst und was du dabei beachten musst.

Copilot, wo bist du?

Vielleicht hast du Copilot bereits entdeckt? Falls nicht, helfen wir dir, ihn zu finden.

1. **Klicke in der Menüleiste auf Start.**
2. **Auf der rechten Seite findest du das Copilot-Icon.**

   Links neben Copilot wird dir das Icon Entwurfsvorschläge angezeigt. Um die Vorschläge zu generieren, wird auch Copilot genutzt.

3. **Du findest die Sterne, die auf Copilot hinweisen auch, wenn du in die linke obere Ecke deiner Folien schaust.**

Du findest Copilot trotz unserer Anleitung nicht? Dann liegt es vermutlich daran, dass diese Funktion nicht in deinem PowerPoint verfügbar ist. Das kann an deiner Version oder deinem Abo bei Microsoft liegen oder an Datenschutzeinstellungen – zum Beispiel wenn du Microsoft über deine Schule nutzt. In unserer PowerPoint-Version für Windows ist Copilot auch nicht enthalten, daher zeigen wir dir Screenshots von der PowerPoint-Version für Macbook.

Du nutzt LibreOffice oder Google? Bei Libre Office und Google musst du zur Nutzung von KI-Assistenten Add-Ons herunterladen. Google arbeitet mit Slide.AI zusammen (der Anschluss von Googles KI-Assistent Gemini ist noch in der Testphase), bei LibreOffice kannst du Stable Diffusion nutzen, um Bilder mit KI zu generieren. Da es sich bei den Add-Ons um Programme von Drittanbietern handelt, lese dir immer gut durch, welche Rechte diese Programme wollen und auf welche deiner Dateien sie zugreifen und überlege, ob du das möchtest.

Copilot als Designunterstützung

In Kapitel 6 haben wir dir einige Tipps und Tricks gezeigt – unter anderem, wie du das Design deiner Folien ändern kannst. Mithilfe von Copilot hast du noch mehr Auswahlmöglichkeiten.

1 **Klicke in der Menüleiste auf Start.**

2 **Klicke rechts auf Entwurfsvorschläge.**

3 **Es öffnet sich ein neues Menü.**

Dir wird die Info angezeigt, dass Copilot nun Teil deines Designassistenten ist.

4 **Es werden dir Designvorschläge angezeigt, die Copilot generiert hat.**

Siehst du die Panda-Bilder in unserem Beispiel? An diesen Stellen hatte Copilot uns Bilder eingefügt, die haben wir nachträglich ersetzt. Warum wir das gemacht haben? Lies die Details in der Infobox nach.

Panda oben: © mikevanschoonderwalt - stock.adobe.com;
Panda unten: © Daniel Vincek - stock.adobe.com

Du wunderst dich vielleicht, warum wir unter dem Screenshot der von Copilot generierten Folien Bildrechte angegeben haben. Wir haben für dieses Buch die Bilder, die Copilot uns generiert hat, durch Stockfotos ersetzt, damit wir sicher sein können, dass wir keine Rechte verletzen. Selbst wenn du Copilot anweist, frei verfügbare Bilder aus dem Internet zu nutzen, kannst du nicht 100 % sicher sein, dass Copilot die richtigen Fotos ausgewählt hat. Bei generierten Bildern kann es sein, dass sie sehr ähnlich zu Originalfotografien sind, sodass das Urheberrecht verletzt werden kann.

Umgang mit generierten Bildern

Der KI-Assistent Copilot kann dich auf zwei Arten beim Hinzufügen von Bildern unterstützen. Erstens kann man Copilot anweisen, Bilder zu einem speziellen Thema, die frei im Internet verfügbar sind, zu suchen und einzufügen. Hier übernimmt der KI-Assistent das Suchen und Auswählen für dich, wie wir es in Kapitel 3 beschrieben haben. Es gelten dann auch dieselben Bedingungen für die Nutzung, wie sie in Kapitel 3 beschrieben wurden. Aber Copilot kann eben auch Bilder generieren. Hier wird das System Dall-E genutzt – ein KI-System, das aus von Menschen formulierten Angaben Bilder erzeugt. In diesem Fall wird also kein bereits im Internet vorhandenes Bild genutzt, sondern Pixel für Pixel ein neues Bild erzeugt. In der Textbox »Generative KI-Systeme« besprechen wir, dass Texte, die von KI-Systemen generiert werden, fehlerhaft sein können. Bei Bildern gilt das auch. Beispielsweise könnte es passieren, dass ein Panda mit drei Ohren erzeugt wird. Es kann aber auch passieren, dass Bilder mit verletzenden oder anstößigen Inhalten generiert werden. Du musst also sowohl prüfen, ob das Bild sinnvoll ist als auch, ob die Inhalte nicht unangemessen oder böswillig sind.

Bei Bildern wie bei Texten gilt, dass diese vom KI-System nicht »aus dem Nichts« erzeugt werden, sondern dass sie auf sehr vielen Texten und Bildern basieren, die genutzt wurden, um das KI-System zu trainieren (siehe Textbox »Generative KI-Systeme«). Das heißt, die Arbeit, die zum Beispiel Tierfotografinnen und -fotografen geleistet haben, um Pandas in der Wildnis zu fotografieren, steckt indirekt mit im KI-System. Aktuell wird noch von Gerichten geprüft, ob es erlaubt war und ist, dass die großen KI-Unternehmen Bilder und Texte, die Menschen teilweise mit viel Aufwand und Kreativität erzeugt haben, einfach so für ihre KI-Modelle nutzen dürfen. Du solltest dir auf jeden Fall darüber im Klaren sein, dass du, wenn du generierte Bilder nutzt, damit auch die Arbeit anderer Menschen nutzt.

Egal, ob du im Internet verfügbare Bilder einfügst oder generierte Bilder, es gilt auch hier, dass du die Quellen klar benennen musst. Bei einem generierten Bild solltest du angeben, mit welchem System du das Bild hast erzeugen lassen.

Generative KI-Systeme

Unter Künstlicher Intelligenz, kurz KI, versteht man Computersysteme, die Dinge tun können, die typisch für Menschen sind, zum Beispiel Lernen, Probleme lösen, Spielen, Sprache verstehen und Objekte erkennen. KI gibt es schon sehr lange – seit den 1950er Jahren. Aber im Alltag ist KI erst in den letzten Jahren angekommen. Das liegt vor allem daran, dass immer mehr Computerprogramme auch KI nutzen. Zum Beispiel bestimmen KI-Methoden, welche Inhalte dir angeboten werden – zum Beispiel bei Streaming-Portalen oder in sozialen Netzen. KI-Methoden unterstützen dich bei der Bearbeitung von Fotos oder beim Übersetzen von Texten in eine andere Sprache. Eine spezielle Art von KI-Methoden sind sogenannte generative Methoden. Generativ heißt »erzeugend«. Konkret meint das, dass aufgrund einer Eingabe, eines sogenannten Prompts, Ausgaben wie Texte, Bilder oder Videos erzeugt werden. Im Vergleich zu vielen anderen Computersystemen werden die Eingaben einfach in natürlicher Sprache gegeben. Dadurch ist die Nutzung sehr einfach.

Generative KI basiert auf maschinellem Lernen. Beim maschinellen Lernen werden aus Daten sogenannte Modelle aufgebaut. Bei generativer KI sind das zum Beispiel sehr große Mengen von Texten, die im Internet vorhanden sind – Wikipedia-Einträge, Zeitungsartikel, wissenschaftliche Artikel, Beiträge aus Foren und so weiter. Mithilfe dieses Materials lernt das System, wie wahrscheinlich es ist, dass ein bestimmtes Wort auf ein anderes folgt. Aus diesem riesigen Netz aus Worten können dann in Kombination mit weiteren Methoden neue Sätze erzeugt werden.

Dabei kann es allerdings passieren, dass Dinge zusammengeworfen werden, die nicht stimmen. Man spricht dann von »halluzinieren«. Entsprechend solltest du dich nie einfach auf das verlassen, was ein System ausgibt, sondern immer genau prüfen, ob die Information korrekt ist.

Im Falle der Pandas, kann man zum Beispiel bei Wikipedia oder in einem Buch nachprüfen, ob die Information über Größe und Gewicht stimmen. Schwieriger wird es zu prüfen, ob die Qualität insgesamt stimmt – zum Beispiel ob die Gliederung des Referats gut gelungen ist oder ob das Layout der Folien übersichtlich ist. In diesem Fall sind sich auch Menschen nicht immer einig. Um zu beurteilen, was gute Qualität ist, muss man die Dinge selber schon gemacht haben und gut können. Jemand, der gar keine Ahnung von Fußball hat, kann nicht sehen, ob ein bestimmter Spielzug besonders gut ausgeführt ist. Damit wir Menschen die Kontrolle behalten, dürfen wir uns also nicht alles von KI-Systemen abnehmen lassen.

Unterhaltungen mit Copilot

Du hast es am Anfang des Kapitels schon gesehen: Es gibt das bunte Copilot-Icon, mit dem du Copilot aktivieren kannst. Wir zeigen dir nun, was passiert, wenn du darauf klickst und worüber du mit Copilot alles schreiben oder reden kannst.

1 **Klicke in der Menüleiste auf Start.**

2 **Klicke auf der rechten Seite auf das Copilot-Icon.**

3 **Es öffnet sich ein neuer Reiter. Dort findest du Vorschläge für Anfragen an Copilot.**

4 **Unten findest du ein Eingabefeld. Hier kannst du deine Frage oder Aufgabe an Copilot hineinschreiben.**

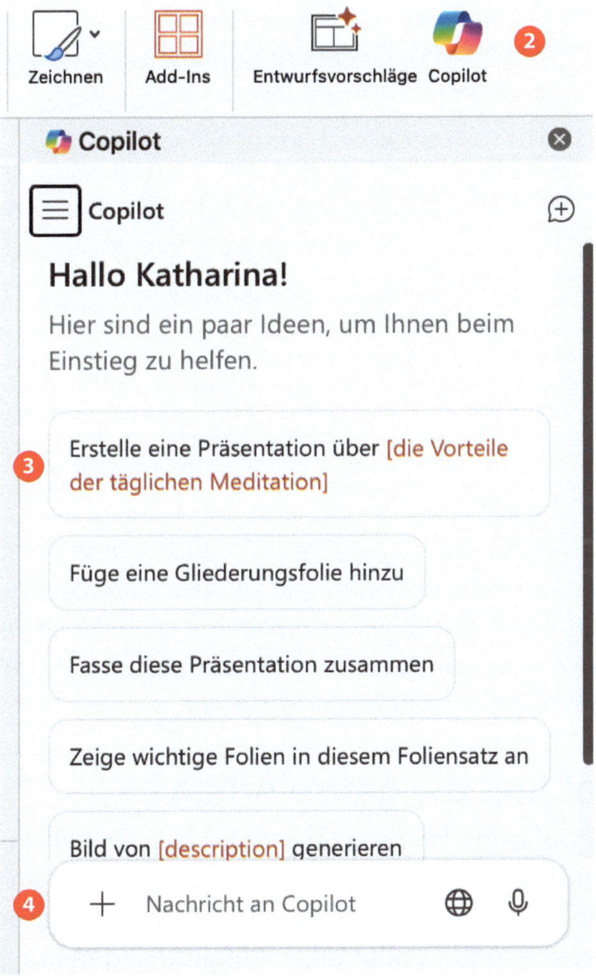

1 Klicke in das Textfeld, um eine Anfrage an Copilot zu stellen.

Wir haben die Anfrage gestellt: »Wobei kannst du mir helfen?«. Es dauert einige Sekunden, bis Copilot die Antwort generiert hat. Du kannst auch auf das Mikrofon ganz rechts klicken, dann kannst du deine Anfrage einfach einsprechen.

2 Die Antwort von Copilot wird unter deiner Anfrage angezeigt.

Die Kommunikation mit Copilot erinnert ein bisschen an einen Chat – nur das am anderen Ende kein Mensch, sondern ein KI-System »sitzt«.

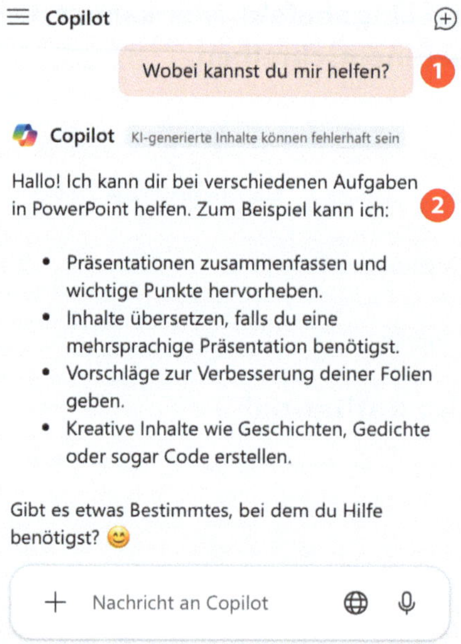

Hast du in unserem Screenshot den kleinen Hinweis entdeckt, dass KI-generierte Inhalte fehlerhaft sein können? Daran solltest du immer denken, wenn du mit Copilot arbeitest. Copilot klingt in seinen Antworten immer sehr sicher und überzeugend, aber da die Antwort generiert wurde, muss sie nicht richtig sein.

Macht Copilot nun die ganze Arbeit?

Nun denkst du dir vielleicht: Ich sage Copilot einfach, er soll ein Referat über Pandas erstellen und damit habe ich die ganze Aufgabe mit ein paar Klicks erledigt (warum das keine gute Idee ist, haben wir in Kapitel 2 schon erzählt). Wir haben das mal gemacht und Copilot diese Aufgabe gegeben.

1 **Erstelle einen Prompt mit der konkreten Aufgabe.**

Unser Prompt lautet: »Erstelle ein Referat über Pandas für die 7. Klasse. Gib Quellen an und erstelle Notizen für den Vortrag. Gestalte die Folien anschaulich.«

2 **Klicke auf den Pfeil.**

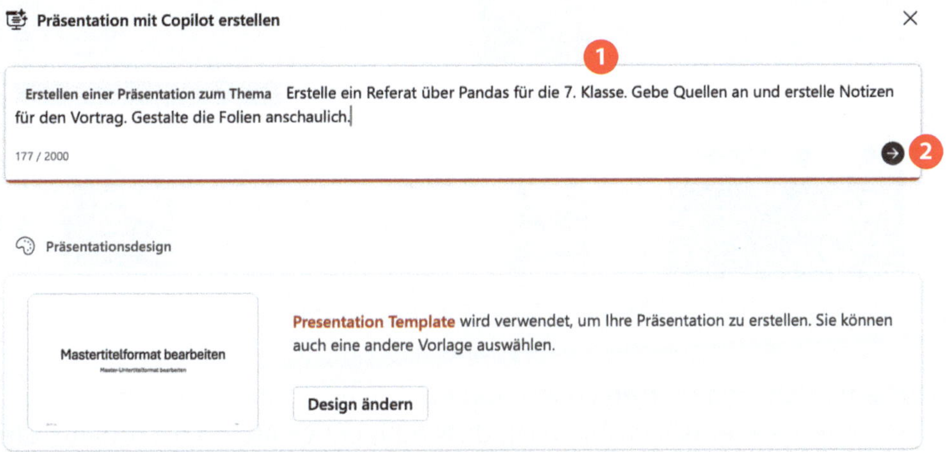

Nach kurzer Zeit hat Copilot die Inhalte für dein Referat vorbereitet.

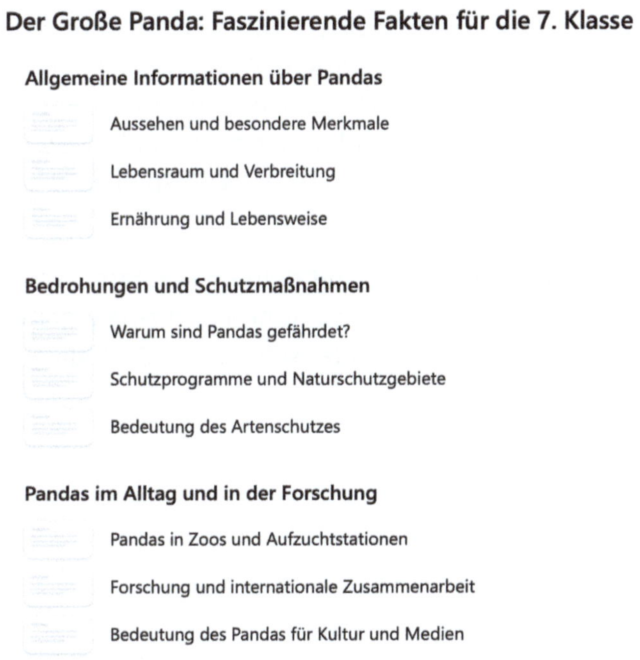

Im nächsten Schritt werden die Folien generiert und – tadaaa – alles startklar für dein Referat, oder?

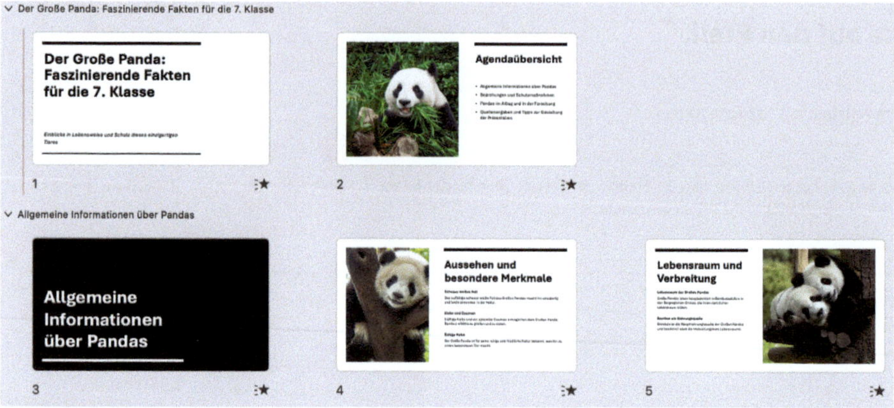

Panda oben: © Goinyk - stock.adobe.com
Panda unten links: © mikevanschoonderwalt - stock.adobe.com; Panda unten rechts: © Daniel Vincek - stock.adobe.com

Du kannst die generierten Folien nun natürlich für einen Vortrag verwenden – aber das Problem ist, dass du nicht weißt, ob die Inhalte, die auf den Folien zu sehen sind, auch stimmen. Das könntest du natürlich überprüfen – dafür brauchst du aber Wissen über Pandas. Und das erhältst du, wenn du Bücher und Artikel über Pandas liest, dich mit Experten und Expertinnen unterhältst, vielleicht einen echten Panda im Zoo beobachtest usw. Copilot hilft dir zwar, Folien und Inhalte zu einem Thema zu generieren, das Lernen kann es jedoch nicht für dich übernehmen. Wenn deine Lehrkraft dich jetzt zum Beispiel zu Details deines Copilot-generierten Vortrages fragt, kannst du die womöglich nicht beantworten. Oder hattest du vom Wort »Phylogenese« schon etwas gehört, wenn wir es nicht in Kapitel 3 als Beispiel für die SmartArts vorgestellt hätten?

Wir empfehlen dir daher, dich selbst mit deinem Referatsthema auseinanderzusetzen, dir Wissen über das Thema anzueignen und eine eigene Meinung zu bilden – zum Beispiel, ob du es gut oder schlecht findest, dass viele Pandas in Zoos leben.

Ideen für die Nutzung von Copilot

Copilot kann sehr hilfreich sein. Du wirst, wenn du die Funktionen von Copilot austestest, bestimmt ein paar Ideen haben, was du gerne machen möchtest. Hier sind unsere Lieblingsfunktionen, für die wir Copilot gerne verwenden:

- Generieren von Bildern
- Zusammenfassung des Referates in Textform
- Tipps für Verbesserungsvorschläge (zum Beispiel beim Foliendesign)
- Hilfe bei der Formulierung der Notizen für das Referat
- Ideen für kreative Einstiege oder Abschlüsse für das Referat
- Hinzufügen von bestimmten Folien, basierend auf den Informationen auf den Folien (Quellenverzeichnis, Gliederung)

Wenn du Copilot schon verwendet hast, ist dir sicherlich beim ersten Benutzen die Info aufgefallen, dass du bei der Benutzung von Copilot Credits verbrauchst. Deine Anzahl der Credits beziehungsweise des Guthabens, das du zur Verfügung hast, hängt von deinem Microsoft Abo ab. Wenn dein Guthaben aufgebraucht ist, kannst du Copilot nicht mehr nutzen und musst warten, bis dein Guthaben im nächsten Monat wieder aufgefüllt wird.

Kapitel 8
Jetzt wird's groß

Panda: © Goinyk - stock.adobe.com

Mit PowerPoint kannst du nicht nur Folien gestalten, sondern auch Poster. Vielleicht hast du schon mal ein Poster »per Hand« gemacht? Du hast eine bunte Pappe genommen und Bilder darauf geklebt, kleine Texte mit einem dicken Stift geschrieben und vielleicht auch Pfeile gemalt. Inzwischen – als PowerPoint-Profi – kannst du das auch am Computer ganz ohne Schere, Kleber und Stifte erledigen. Wie das genau geht, erfährst du, wenn du weiterliest.

Poster erstellen

Zuerst musst du die Vorbereitungen treffen, um anschließend dein Poster gestalten zu können. Damit legen wir gleich mal los.

1 **Starte PowerPoint.**

Wie du das Programm startest, kannst du in Kapitel 1 nachlesen.

Nachdem das Programm gestartet wurde, wird automatisch eine Folie erzeugt. Diese Folie wird deine Posterfolie werden.

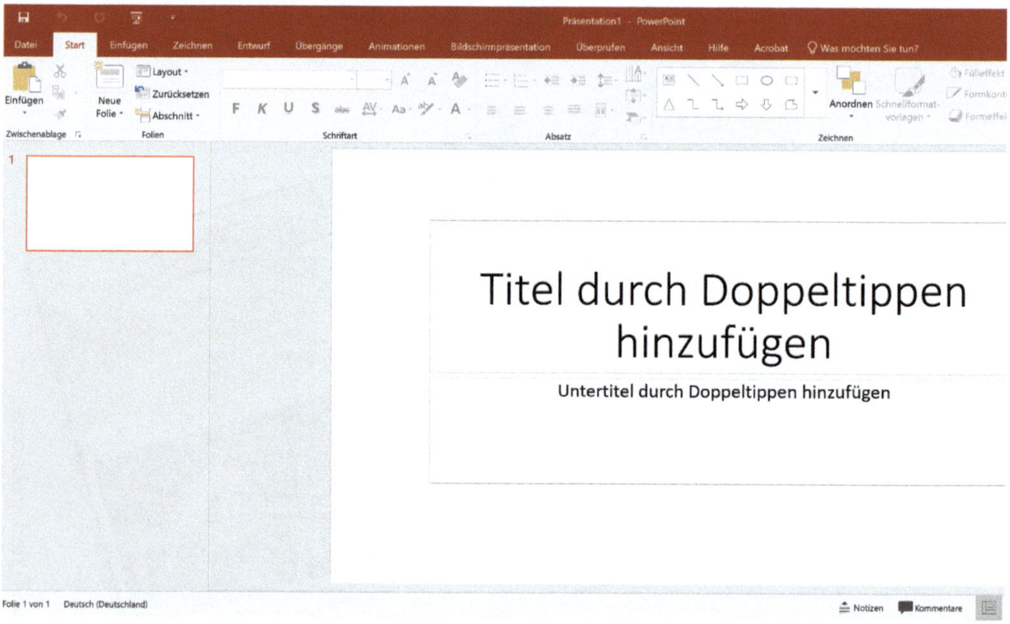

2 Klicke in der Menüleiste auf die Registerkarte Entwurf.

3 Wähle Foliengrösse aus.

4 Klicke auf Benutzerdefinierte Foliengrösse.

Nun öffnet sich ein neues Fenster, in dem du Angaben zur Größe deiner Folie machen kannst. Dieser Schritt ist sehr wichtig, da es jetzt darum geht, wie groß dein Poster sein soll.

5 Wähle bei Papierformat die Option Benutzerdefiniert aus.

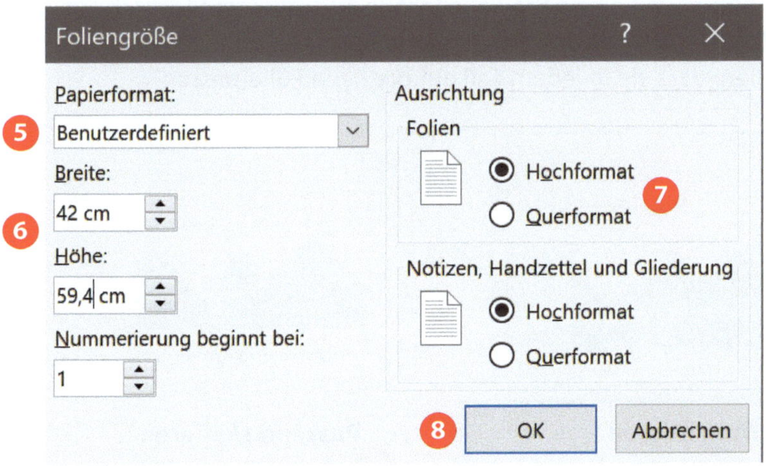

6 **Gib die Breite und Höhe ein, die dein Poster haben soll.**

Wir haben uns für ein Poster in der Große DIN A2 entschieden. Dieses hat eine Breite von 42 Zentimetern und eine Höhe von 59,4 Zentimetern

7 **Wähle aus, ob du ein Poster im Hochformat oder im Querformat haben willst.**

Wir haben Hochformat ausgewählt, weil dies bei Wissenschaftlern so üblich ist. Wenn du jetzt Querformat auswählst, vertauscht PowerPoint die Angaben für Höhe und Breite automatisch.

8 **Klicke auf OK.**

Nun gelangst du automatisch zu einem Infofenster, das dich darauf hinweist, dass du eine neue Foliengröße ausgewählt hast und ob du die Inhalte (falls du schon welche erstellt hast) für die neue Foliengröße maximieren oder passend skalieren möchtest. Als Standard ist Maximieren ausgewählt.

9 **Gebe an, ob die Inhalte maximiert oder passend skaliert werden sollen.**

Wir haben uns für Passend skalieren entschieden, indem wir auf den Button geklickt haben. Du kannst aber auch auf die Grafik klicken, das funktioniert genauso.

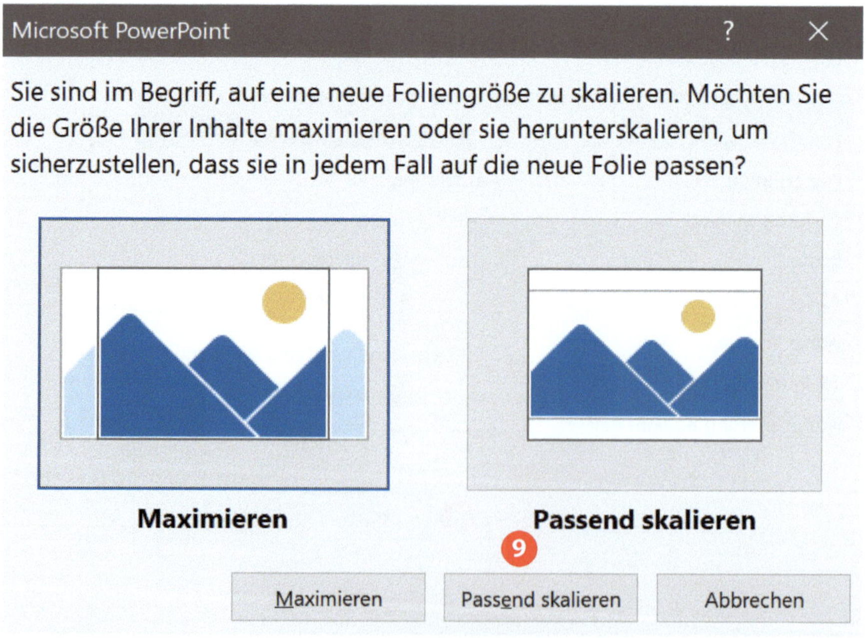

10 Speichere dein leeres Poster.

So gehen die vorgenommenen Einstellungen nicht verloren. Wie du speicherst, kannst du in Kapitel 1 nachlesen.

Wenn du ein Poster gestaltest, sollte es deutlich größer sein als ein »normales« Blatt. Mit »normal« meinen wir hier die Größe DIN A4. Blätter in einem College-Block haben zum Beispiel diese Größe. Große Poster sind oft in der Größe DIN A0. Für Poster bei Referaten wird oft DIN A2 verwendet. Was diese ganzen DIN As bedeuten, kannst du im Kasten »DIN A-was?« nachlesen.

Du möchtest lieber ein Poster mit Google Präsentationen erstellen? Kein Problem, auch das kannst du machen.

1 Klicke in der Menüleiste auf Datei.

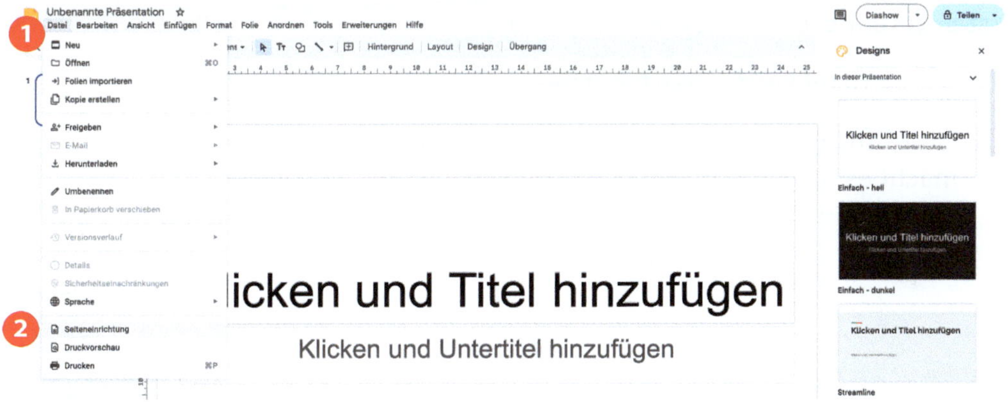

2 Wähle dann Seiteneinrichtung.

3 In dem sich öffnenden Fenster wählst du Benutzerdefiniert aus und kannst dann wieder die Maße deines Posters eingeben.

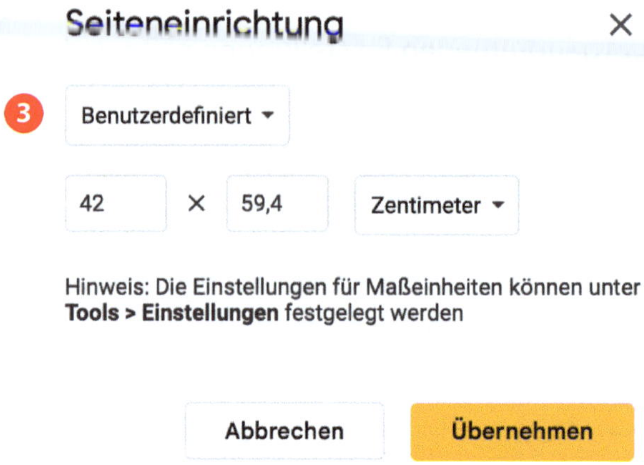

In LibreOffice ist es sogar noch etwas einfacher, da werden dir verschiedene DIN-Größen bereits vorgeschlagen. Wie du eine LibreOffice-Präsentation erstellst, kannst du in Kapitel 1 nachlesen.

1. **Klicke rechts auf Eigenschaften.**

   LibreOffice arbeitet viel mit Symbolen, das spart Platz, macht es manchmal aber schwerer, die passenden Funktionen auf einen Blick zu sehen.

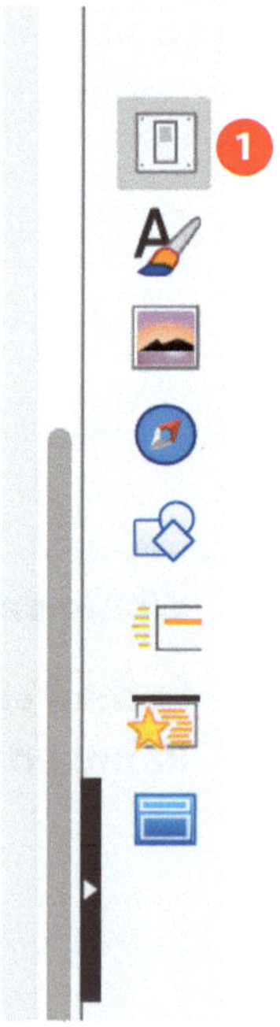

2 **Es öffnet sich das Eigenschaftenmenü. Klicke rechts auf Format.**

Hier kannst du nun verschiedene Formate auswählen. A0-A6 bezeichnen die DIN-Maße, die du bei PowerPoint und bei Google Präsentationen mit genauen Zentimeterwerten angeben musstest.

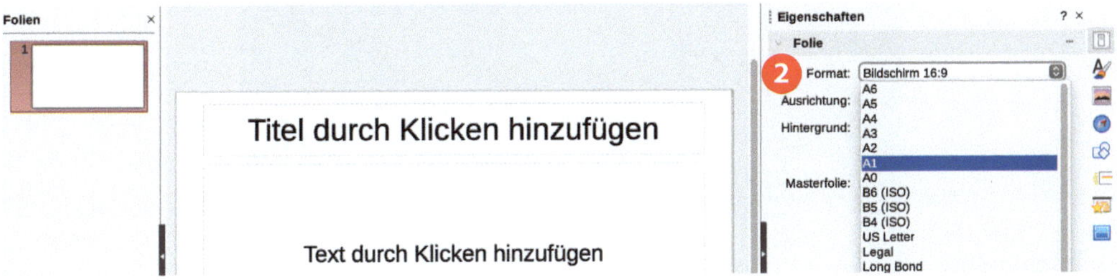

DIN A-was?

DIN steht für »Deutsches Institut für Normung«. Dieses Institut sorgt dafür, dass Dinge, die wir im Alltag nutzen, zusammenpassen – die Mutter zur Schraube, der Stecker in die Steckdose, das Papier in den Schnellhefter.

Für Papiergrößen hat das Institut die Normen A, B, C und D definiert. Für alle Papiernormen gilt, dass das Verhältnis zwischen Breite und Höhe eines Blattes $1 : \sqrt{2}$ beträgt. Ein Plakat im Format A0 hat einen Flächeninhalt von genau einem Quadratmeter. Die lange Seite ist 1189 Millimeter lang (ungefähr 119 Zentimeter, also über einen Meter), die kurze Seite ist 841 Millimeter lang.

Praktisch ist, dass durch Falten jeweils das nächstkleinere Format hergestellt werden kann. Wenn du ein DIN-A0-Plakat an der langen Seite halbierst, erhältst du ein Plakat im DIN-A1-Format und so weiter. Umgekehrt erhältst du durch Aneinanderkleben von zwei DIN-A1-Blättern ein DIN-A0-Blatt.

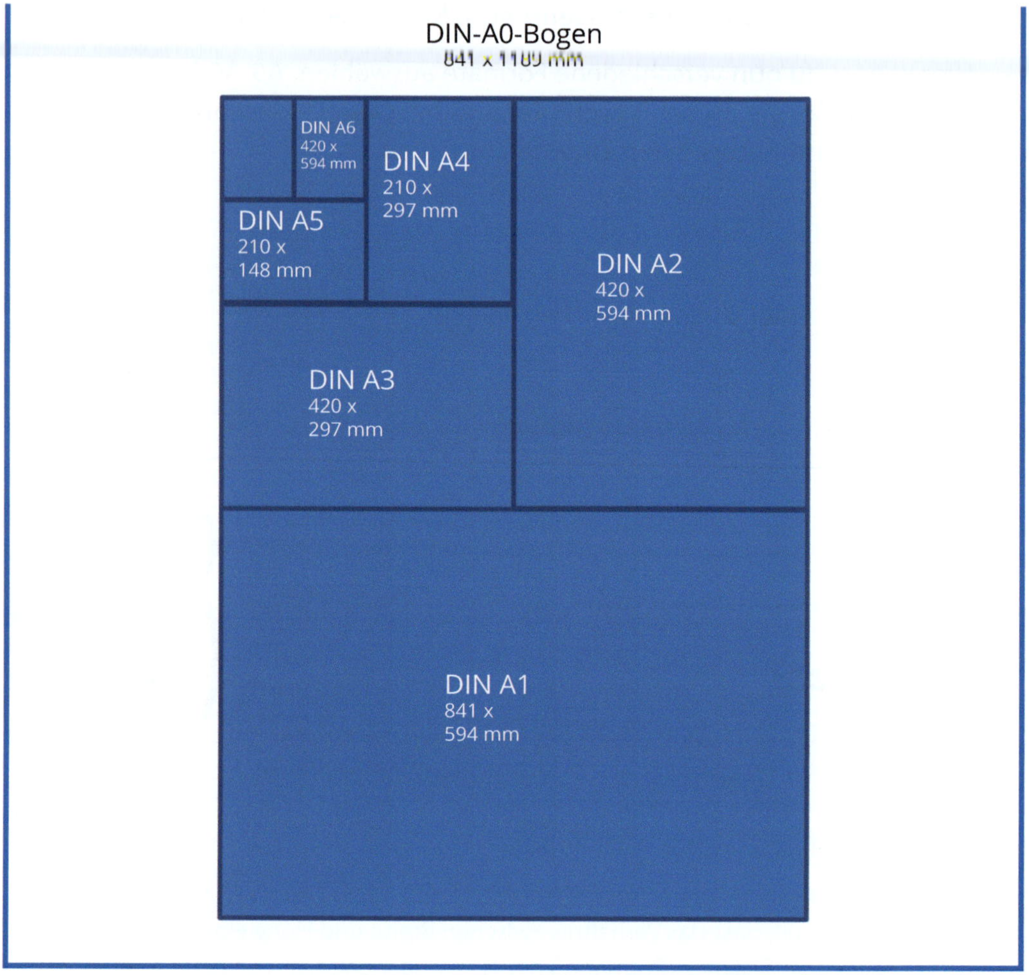

***Aufgabe 1:** Prüfe selbst nach, ob ein DIN-A0-Plakat einen Flächeninhalt von einem Quadratmeter hat und ob das Verhältnis 1 : √2 für die Seitenlängen stimmt.*

***Aufgabe 2:** Überlege, wie viele DIN-A4-Blätter du brauchst, um ein DIN-A2-Plakat zusammenzukleben.*

Poster gestalten

Nachdem du dein Poster eingerichtet hast, kannst du es nun gestalten. Du kannst alle Elemente verwenden, die du beim Erstellen von Präsentationen kennengelernt hast: Textfelder, Tabellen, Bilder, Diagramme …

Ein paar Dinge gibt es jedoch bei jedem Poster zu beachten. Daher haben wir dir eine Poster-Checkliste zusammengestellt:

» **Gib deinem Poster einen Titel.**

Der Titel sollte kurz und knapp beschreiben, um was es auf deinem Poster geht.

» **Schreibe dazu, von wem dieses Poster ist.**

Das heißt, dein Name sollte auf dem Poster stehen, und, wenn noch andere an dem Poster mitgewirkt haben, auch deren Namen. Leute, die dir nur Tipps zur Gestaltung des Posters gegeben haben, musst du nicht namentlich nennen.

» **Achte auf die Schriftgröße**.

Wichtig ist, dass jeder die Texte auf dem Poster gut lesen kann. Wenn die Schrift zu klein ist, strengt das Lesen sehr an und die Leute, die dein Poster betrachten, werden sich vielleicht nicht alles durchlesen.

Außerdem bewahrt dich eine große Schrift davor, dass die Texte zu lang werden. Verwende mindestens Schriftgröße 25!

» **Weniger ist mehr.**

Du solltest dein Poster nicht mit Text oder vielen, sehr eng aneinander liegenden Bildern und Diagrammen überladen. Das schreckt Betrachter und Betrachterinnen eher ab und führt vielleicht dazu, dass sich Leute gleich abwenden oder dein Poster nur überfliegen, statt es konzentriert zu lesen.

» **So anschaulich wie möglich.**

Wenn du ein Poster gestaltest, verwende so wenig Text wie möglich. Bilder und Diagramme sind oft anschaulicher und vermitteln Informationen weinfacher und schneller als umständliche und komplizierte Texte.

» **Bunt, aber nicht zu bunt.**

Farben sind super. Vor allem auf Postern. Sie sorgen dafür, dass dein Poster interessant wirkt. Außer du verwendest zu viele verschiedene Farben. Dann wirkt dein Poster schnell chaotisch. Du solltest höchstens vier verschiedene Farben einsetzen. Zusätzlich kannst du verschiedene Farbabstufungen einer Farbe verwenden. Wenn du dich zum Beispiel für Grün entschieden hast, dann kannst du Textfelder oder Diagramme in Hell-, Mittel- und Dunkelgrün einfärben.

Wissenswertes über den Großen Panda

Ute Schmid & Katharina Weitz

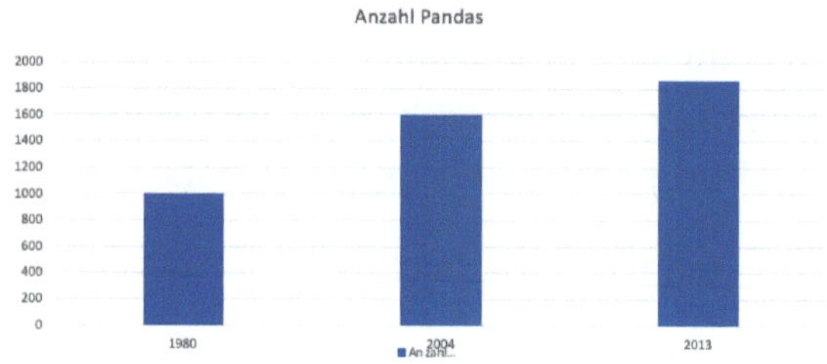

Achtung, nicht zu verwechseln mit dem KLEINEN Panda!

Aussehen und Merkmale

Der Panda ist zwischen 120 und 190 cm groß und kann bis zu 160 kg wiegen. Sein Fell ist schwarz-weiß. Besonders am Panda ist, dass er größere Backenzähne besitzt als andere Bärenarten

Achte auch darauf, dass du für ähnliche Informationen oder ähnliche Elemente auch ähnliche Farben verwendest. Das gibt deinem Poster Struktur und die Betrachtenden finden sich schneller zurecht. In unserem Panda-Beispiel würdest du beispielsweise Informationen oder Diagramme, die sich auf den Großen Panda beziehen, in der Farbe Grün halten und die Informationen und Diagramme über den Kleinen Panda in Orange.

» **Kästchen sind gut.**

Schau, dass du deinen Text nicht in ein großes Textfeld packst, sondern in mehrere kleine Kästen. Das macht es dir leichter, Textfelder und Diagramme auf dem Poster anzuordnen, und du achtest von vornherein darauf, dass deine Texte nicht zu lang werden.

» **Lass den Rand frei.**

Das klingt simpel, wird aber oft vergessen: Denke daran, an den Seiten deines Posters einen Rand zu lassen. Am besten sieht es aus, wenn du deine Textfelder und Diagramme so anordnest, dass sie möglichst gleich abschließen, also zum Rand hin eine gedachte Linie bilden.

» **Quellen nicht vergessen.**

Genau wie bei der Präsentation musst du auch auf dem Poster angeben, welche Quellen du verwendet hast. Für Bilder und Diagramme schreibst du die Quelle direkt an das Diagramm oder Bild. Wenn du Informationen aus Büchern entnommen hast, führst du die Bücher am Rand des Posters (üblicherweise unten) auf.

Den Hintergrund des Posters könntest du in PowerPoint auch in deiner Lieblingsfarbe gestalten. Für herkömmliche Poster hast du dir ja auch eine Pappe in einer bunten Farbe ausgesucht. Aber auch wenn das im Prinzip geht, solltest du das nicht tun, da der Drucker dann ganz viel Farbe verbraucht. Am Computer erstellte Poster haben typischerweise einen weißen Hintergrund.

Wenn deine Präsentation schon fertig ist, wird daraus ganz schnell ein Poster: Öffne die Präsentation und kopiere einfach die Inhalte für dein Poster. Klicke dafür das Textfeld, das Diagramm oder das Bild an, das du kopieren möchtest (oder markiere den Text, den du kopieren möchtest). Drücke dann die Tastenkombination [Strg] + [C]. *Klicke anschließend auf dein Poster, das du ebenfalls in PowerPoint geöffnet hast, und füge die Inhalte mit der Tastenkombination* [Strg] + [V] *in der Poster-Folie ein.*

Posterbeispiel

Um der Checkliste etwas mehr »Leben« zu verleihen, haben wir beispielhaft mal ein Poster erstellt. Wir haben dafür die Informationen aus unserer Präsentation verwendet.

Wissenswertes über den Großen Panda

Ute Schmid & Katharina Weitz

Aussehen und Merkmale

Größe:	120 - 190 cm
Gewicht:	bis zu 160 kg
Fell:	Schwarz-weiß
Besonderes:	Größere Backenzähne als andere Bärenarten

Foto: Großer Panda © Goinyk stock.adobe.com

Phylogenese des Großen Panda

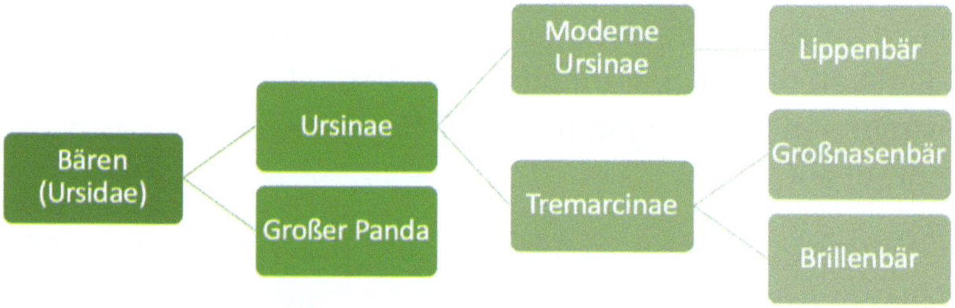

Foto: Kleiner Panda: ChaoticDesignStudio – stock.adobe.com

Achtung, nicht zu verwechseln mit dem kleinen Panda!

Verwendete Quellen

- WWF Deutschland, Das Lexikon bedrohter Tier- und Pflanzenarten -- Großer Panda, https://www.wwf.de/themen-projekte/artenlexikon/grosser-panda, Abrufdatum: 29.07.2025
- Ziswiler, Vinzenz. Bedrohte und ausgerottete Tiere: Eine Biologie des Aussterbens und des Überlebens. Springer-Verlag, 2013.
- Ibler, Benjamin. Zur Biologie und Evolution der Lebenserwartung von Tieren. Der Zoologische Garten, 82(1), 2013: 72-95.

Gefällt dir unser Poster? Das fragen wir nicht, weil wir jetzt ein begeistertes »JAAAA« von dir hören möchten, sondern weil dir die Frage hilft, dein eigenes Poster zu gestalten. Was dir gut gefällt, kannst du in dein Poster übernehmen. Was dir nicht gut gefällt, kannst du für dein Poster verändern.

Ein Poster zu drucken ist leider nicht ganz einfach. Wenn du einen Drucker zuhause stehen hast, dann kann dieser wahrscheinlich maximal im DIN-A4-Format drucken (frag deine Eltern, um sicherzugehen). Poster lässt man daher in Copyshops oder Druckereien drucken. Dafür musst du dein Poster auf einen USB-Stick speichern, auf einen Speicherort in der Cloud hochladen oder per E-Mail an die Druckerei senden. Sprich das mit deinen Eltern ab – ein Poster in der Druckerei drucken zu lassen kostet Geld.

Sende dein Poster immer als PDF-Dokument an die Druckerei. So gehst du sicher, dass deine Bilder und Texte sich nicht verschieben und alles so gedruckt wird, wie du es erwartest. Wie du deine Präsentation als PDF-Dokument speicherst, kannst du in Kapitel 6 nachlesen.

Lösungen

Zu Kapitel 3: Jetzt wird's bunt

Aufgabe 1: Zahlen mit einer unterschiedlichen Anzahl von Stellen sollten immer rechtsbündig geschrieben werden, da man dann die Größe der Zahl schnell erkennen und die Zahlen auch einfacher im Kopf addieren oder überschlagen kann.

Aufgabe 2: Ein Tortendiagramm ist immer dann sinnvoll, wenn Teile eines Ganzen dargestellt werden. Jedes Tortenstück stellt einen Teil dar. Die Anzahl der Pandas in jedem Jahr ist kein Teilwert.

Ein Tortendiagramm wäre zum Beispiel sinnvoll, um Umfrageergebnisse darzustellen. In einer Umfrage zum süßesten Tier könnten zum Beispiel 57 % der befragten Personen den Panda genannt haben, 33 % den Koala und 10 % den Waschbären.

Aufgabe 3: 20 · 10, also 200 Pixel.

Aufgabe 4: Die Anzahl der Pixel hängt von der Bildauflösung der Kamera ab, aber es können schnell mal eine Million Pixel – ein sogenanntes Megapixel – sein.

Zu Kapitel 5: Generalprobe

Aufgabe 1: Wird eine Datei vom Programm gespeichert, dann immer in dem Dateiformat, das das jeweilige Programm selbst benutzt. Exportieren meint, dass eine Datei beim Speichern in ein fremdes Format umgewandelt wird.

Dateien mit der Dateiendung `.ppt` oder `.pptx` können in der Regel nur in PowerPoint geöffnet und bearbeitet werden. Jedes Programm hat sein eigenes Dateiformat. Nur in wenigen Fällen kann ein Programm Dateien bearbeiten, die in einem fremden Format vorliegen. Man muss die Datei dafür vor dem Öffnen in das Format des Programms umwandeln. Man sagt: Die Datei wird importiert.

Aufgabe 2: Wenn man Rot, Grün und Blau additiv mischt, erhält man Weiß.

Zu Kapitel 8: Jetzt wird's groß

Aufgabe 1: Zum Berechnen des Flächeninhalts multiplizierst du die Länge des Blatts mit der Breite, also 1189 mm mal 841 mm. Das ergibt 999.949 mm^2 (Quadratmillimeter).

100 Quadratmillimeter sind ein Quadratzentimeter.

100 Quadratzentimeter sind ein Quadratdezimeter.

100 Quadratdezimeter sind ein Quadratmeter.

Eine Million Quadratmillimeter sind also ein Quadratmeter.

Der Flächeninhalt eines DIN-A0-Plakats ist also ein winziges bisschen kleiner als ein Quadratmeter. Es fehlen 51 Quadratmillimeter.

Und nun zum Verhältnis der Seitenlängen $1 : \sqrt{2}$. Um das zu überprüfen, multiplizierst du 841 mm mit $\sqrt{2}$ und kommst auf ungefähr 1189,35 mm.

Aufgabe 2: Ein DIN-A2-Blatt ist so groß wie zwei DIN-A3-Blätter und ein DIN-A3-Blatt ist so groß wie zwei DIN-A4-Blätter. Ein DIN-A2-Blatt ist also so groß wie $2 \cdot 2 = 4$ DIN-A4-Blätter.

Dummies Junior – die frechen »... für Dummies« für interessierte Kids und Jugendliche

- Projekte zum Ausprobieren, Programmieren und Experimentieren
- Mit pädagogischem Konzept
- Viele Abbildungen in Farbe
- Verständliche Texte mit einfachen Erklärungen – auch bei schwierigen Themen
- Inhalte in Workshops erprobt

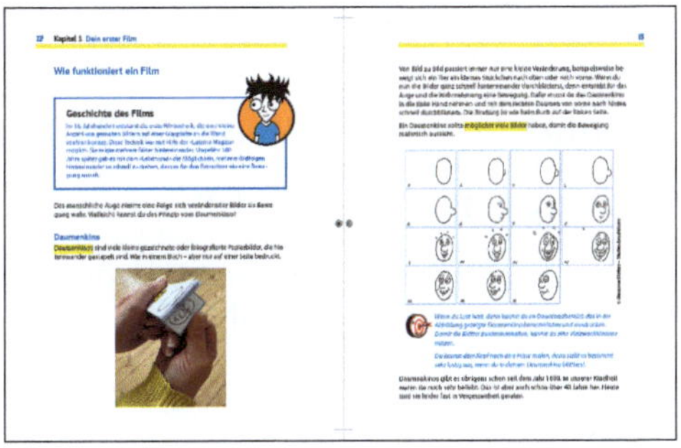

M. Schenk

Mein Weg zu den Sternen für Dummies Junior

1. Auflage 2022 **ISBN:** 978-3-527-71908-2

224 Seiten

Format: 176 mm x 240 mm

Ladenpreis: 18,– €*

Schau in den Himmel und lerne die Planeten, Sterne und Sternbilder kennen. Ob mit bloßem Auge, Fernglas oder Teleskop

M. Weiß und V. Borngässer

Stop-Motion-Trickfilme selber machen für Dummies Junior

2. Auflage 2023 **ISBN:** 978-3-527-72043-9

176 Seiten

Format: 176 mm x 240 mm

Ladenpreis: 16,– €*

Schritt für Schritt zum eigenen Stop-Motion-Video mit der richtigen Beleuchtung, passenden Geräuschen und Spezialeffekten. Hier erfährst du, wie es geht.

* Der €-Preis gilt nur für Deutschland. Preisänderungen und Irrtümer vorbehalten.

C. Ermel und O. Runge

Programmieren und zeichnen mit Python für Dummies Junior

2. Auflage 2022 **ISBN:** 978-3-527-71995-2

224 Seiten

Format: 176 mm x 240 mm

Ladenpreis: 18,- €*

Zaubere tolle Bilder mit dem Computer! Du brauchst dafür nur ein paar einfache Befehle aus der Programmiersprache Python.

W. Eagle et al.

TikTok-Videos selber machen für Dummies Junior

1. Auflage 2023 **ISBN:** 978-3-527-72133-7

160 Seiten

Format: 176 mm x 240 mm

Ladenpreis: 17,-€*

Werde Teil der TikTok Community und begeistere andere mit deinen Ideen. In diesem Buch erfährst du, wie du Videos mit dem Smartphone erstellst, bearbeitest und mit deinen Freunden teilst.

C. Ermel und N. Rosenfeld

Spaß mit Elektronik für Dummies Junior

1. Auflage 2020 **ISBN:** 978-3-527-71705-7

198 Seiten

Format: 176 mm x 240 mm

Ladenpreis: 15,- €*

In diesem Buch lernst du, Schaltungen für coole Gadgets aufzubauen: eine Glückwunschkarte, die leuchtet, eine blinkende Weihnachtsbaumkugel, einen klingenden Draht und anderes mehr.

* Der €-Preis gilt nur für Deutschland. Preisänderungen und Irrtümer vorbehalten.

Zum Wiederfinden

E

F

G

H

I

K

L

M

N

P

Über die Autorinnen

Ute Schmid ist Professorin für Kognitive Systeme an der Universität Bamberg. Seit mehr als 20 Jahren lehrt und forscht sie im Bereich Künstliche Intelligenz. Als Professorin hat sie schon sehr viele Vorträge und Referate gehalten und sicher schon Tausende Folien gestaltet. Neben der Informatik hat Ute Schmid auch Psychologie studiert und sie befasst sich mit menschlichem Lernen und wie man Computer dazu bringen kann, so gut zu lernen wie Menschen.

Ein großes Anliegen von Ute Schmid ist es, dass Kinder Computer und Software nicht nur nutzen, sondern auch verstehen, wie sie funktionieren. Sie würde sich freuen, wenn die Informationen in diesem Buch den Leserinnen und Lesern nicht nur bei PowerPoint weiterhelfen, sondern auch die Neugier wecken, genauer zu verstehen, wie Computer Texte und Bilder verarbeiten.

Katharina Weitz studierte Informatik und Psychologie und hat daher schon die eine oder andere Präsentation vorbereiten müssen. Jetzt forscht sie als Wissenschaftlerin zum Thema Künstliche Intelligenz (KI) und hält regelmäßig Vorträge, für die sie ihre Folien immer noch selbst erstellt – manchmal mithilfe von KI-Werkzeugen.

Mit dem Buch möchte Katharina Weitz den Leserinnen und Lesern Tipps und Tricks zur Arbeit mit PowerPoint geben, damit der Einstieg Neulingen leichter fällt. Vor allem möchte sie Menschen zum Experimentieren und Ausprobieren ermutigen – insbesondere mit den KI-Werkzeugen, die inzwischen in vielen Programmen integriert sind.

Was können intelligente Computer – und was nicht?

UTE SCHMID, KATHARINA WEITZ und MICHAEL SIEBERS

Künstliche Intelligenz selber programmieren für Dummies Junior

2., vollst. überarb. u. erw. Auflage

2024. 160 Seiten. Broschur.

ISBN: 978-3-527-72188-7

€ 15,-

Finde heraus, wie Künstliche Intelligenz funktioniert. Dieses Buch hilft dir dabei. Kapitel für Kapitel beantwortet es folgende Fragen: Was ist Künstliche Intelligenz? Wie denken Computer? Wie lernen Computer? Wie kannst du mit Computern sprechen? Wie generieren Computer Texte und Bilder? Spielen Computer auch? Und können Computer fühlen? Grundlegende Methoden und Anwendungsbereiche von Künstlicher Intelligenz werden anhand von anschaulichen Beispielen erklärt. Beispielprogramme in Python zeigen, wie KI-Methoden konkret umgesetzt werden können und es werden Anregungen für eigene Experimente gegeben.

Bestens geeignet für Kinder und Jugendliche ab 12 Jahre.

*Der €-Preis gilt nur für Deutschland. Preisänderungen und Irrtümer vorbehalten.

Von A wie Aufnahme bis Z wie Zuhören

MARCO PONCE KÄRGEL

Hörspiel und Podcast selber machen für Dummies Junior

2., vollst. überarb. u. erw. Auflage

2024. 208 Seiten. Broschur.

ISBN: 978-3-527-72243-3

€ 18,-

Du wolltest schon immer mal dein eigenes Hörspiel aufnehmen, Storys erfinden und erzählen, selber entscheiden, was im Radio läuft, oder einfach mal deine Meinungen und Geschichten in einem eigenen Podcast mit anderen teilen? Marco Ponce Kärgel gibt dir einen einfachen aber ausführlichen Leitfaden an die Hand, der dir zeigt, wie du Hörspiele und Podcasts selber produzieren kannst, von der allerersten groben Idee bis zum fertigen Produkt. Er zeigt dir, wie du Themen für dein Hörspiel und deinen Podcast findest, wie du mit dem Audio-Equipment umgehst und wie du die Software benutzt. Steig ein in die Welt der Hörspiele und Podcasts und werde dein eigener Produzent!

Bestens geeignet für Kinder und Jugendliche ab 10 Jahren.

*Der €-Preis gilt nur für Deutschland. Preisänderungen und Irrtümer vorbehalten.

Finde dich in den Weiten des Weltalles zurecht

MARCUS SCHENK

Mein Weg zu den Sternen für Dummies Junior

Ein Astronomiebuch für Kinder mit Anleitungen zum Sternkarte basteln und Sternbilder finden

2022. 224 Seiten. Broschur.

ISBN: 978-3-527-71908-2

€ 18,-

Mit diesem Buch lernst du den Sternenhimmel kennen. Tauche nach und nach immer tiefer in die faszinierende Welt der Astronomie ein. Zunächst erfährst du, was unsere Jahreszeiten mit den Sternen zu tun haben. Dann lernst du, die Sternbilder sicher zu erkennen. Du bastelst eine Sternkarte und eine eigene Rotlichtlampe und reist zu den Planeten unseres Sonnensystems. Später geht es in den tiefen Himmel zu den Deep-Sky-Objekten: Mit einem Fernglas oder einem Teleskop findest du Sternhaufen und beobachtest die Andromedagalaxie in 2,5 Millionen Lichtjahren Entfernung.

Dieses Astronomiebuch ist bestens geeignet für Kinder und Jugendliche ab 10 Jahren, die gerne Sterne beobachten und mehr über den Weltraum erfahren möchten.